세계 신화 아틀라스
글 그림 티아고 드 모라에스 | 옮김 김완균
초판 1쇄 발행일 2018년 5월 30일 | 초판 2쇄 발행일 2019년 7월 1일
편집 송미경, 김세영, 김송이 | 디자인 황금박g
펴낸이 유성권 | 편집장 심윤희
마케팅·홍보 김선우, 김민석, 박희준, 문영현, 김애정 | 관리·제작 김성훈, 박혜민, 장재균
펴낸곳 (주)이퍼블릭코리아 | 출판등록 1970년 7월 28일(제1-170호)
주소 07995 서울시 양천구 목동서로 211 범문빌딩 | 전화 02-2651-6121 | 팩스 02-2651-6136
홈페이지 www.safaribook.co.kr | 카페 cafe.naver.com/safaribook
블로그 blog.naver.com/safaribooks | 페이스북 www.facebook.com/safaribookskr

ISBN 979-11-6057-262-9 74000
　　　 979-89-6480-813-9(세트)

MYTH ATLAS
First published in the UK by Scholastic Ltd, 2018
Scholastic Children's Books
An imprint of Scholastic Ltd
Euston House, 24 Eversholt Street London NW1 1DB, UK
Text & Illustrations © Thiago de Moraes, 2017
Korean translation © E-Public, 2018
This edition is published by arrangement with Scholastic UK Ltd
through KidsMind Agency, Korea.

이 책의 한국어판 저작권은 키즈마인드 에이전시를 통해 Scholastic UK와 독점 계약한
㈜이퍼블릭(사파리)에 있습니다. 신 저작권법에 의해 한국 내에서 보호를 받는
저작물이므로 무단 전재와 복제를 금합니다.

* 이 도서의 국립중앙도서관 출판시도서목록(CIP)은 서지정보유통지원시스템 홈페이지
(http://seoji.nl.go.kr)와 국가자료공동목록시스템(http://www.nl.go.kr/kolisnet)에서
이용하실 수 있습니다.(CIP제어번호: CIP 2017032347)
* 96개월 이상의 어린이에게 적합한 도서입니다. Printed in China
* 이 책의 내용 일부 또는 전부를 재사용하려면 반드시 저작권자와 (주)이퍼블릭 양측의 동의를 얻어야 합니다.
* 사파리는 (주)이퍼블릭의 유아·아동·청소년 출판 브랜드입니다.
* 책값은 뒤표지에 있습니다.

글 그림 티아고 드 모라에스
광고 아트디렉터이자 일러스트레이터로 20년 이상 활발히 활동하고 있다.
2015년, 아내 아나와 작업한 첫 그림책 《The Zoomers Handbook》이
그해 셰필드 어린이도서상 그림책 부문 수상작으로 선정되었다.
그 뒤로 두 번째 책인 《세계 신화 아틀라스》를 펴냈다.
현재 런던에서 사랑하는 아내와 아들 그리고 수많은
상상 속 캐릭터들과 함께 살고 있다.

옮김 김완균
한국외국어대학교 독일어과를 졸업하고 독일 괴팅겐대학교에서 독문학을 전공,
문학박사 학위를 받았다. 현재 대전대학교 H-LAC대학 교수로 재직하고 있다.
옮긴 책으로는 《못 말리는 악동들의 특별한 크리스마스 공연》《엄마 아빠가
없던 어느 날》《헬렌 켈러의 위대한 스승 애니 설리번》《고맙습니다
톰 아저씨》《가재바위 등대》《에스더의 사이언스 데이트》《하케 씨의
맛있는 가족 일기》《완두콩 위의 롤라》《수영하는 사람들》 등이 있다.

출판사 노트

신화를 조사하고 연구하는 작업은 무척이나 고됩니다.
세상에는 수십 수백 가지의 문화들이 있고, 문화 속 이야기도
저마다 수많은 형태들로 존재하기 때문이지요.
우리는 다양한 신화들을 조사하여 그 가운데 가장 잘 알려져
있는 이야기를 찾아내 들려주려고 합니다.

《세계 신화 아틀라스》는 세상에서 가장 매혹적인 문화들이
담긴 신화의 세계로 여행하는 첫 안내서가 될 것입니다. 어떤
신화는 지나간 역사의 일부로 남아 있기도 하고, 또 다른
신화들은 오늘날까지 많은 사람들에게 신성한 믿음으로
이어 오고 있기도 합니다. 그렇다고 이 책이 오늘날의 종교적
관점에서 신화를 설명하려는 것은 아닙니다. 인간과 인간을
둘러싼 세계를 이해하고자 지난 수천 년 동안 인류가 주고받아
온 놀랍고 신비로운 이야기들을 소개하려는 것입니다.

더욱 다양하고 중요한 문화들을 담기 위해 고르고 고른 신화의
세계가 여러분의 마음을 사로잡을 수 있길 진심으로 바랍니다.
아울러 매혹적이고 흥미진진한 신화 이야기에 더욱 많은
관심을 이끌어 내는 계기가 되길 기대합니다.

세계 신화 아틀라스

지도를 보면서 알아보는
세계의 열두 가지 놀라운 신화

사파리

아일랜드
신화
Page 67

북아메리카
원주민
신화
Page 39

아즈텍
신화
Page 27

요루바
신화
Page 33

야노마미
신화
Page 15

세계의 신화

전 세계 많은 사람들에게서 전해 내려오는 신과 영웅,
괴물과 상상 속 짐승 그리고 전설에 대한 이야기

세상이 창조되기 전에는
오직 깊은 물이나 달걀 또는 죽은 거인의 뼈들만
존재했다고 전해지는데…

천 년 전, 고대 바이킹족은 배를 타고 바다 한가운데로 나서면서 바다가 지구 전체를 휘감을 만큼 거대한 뱀 요르문간드르에 둘러싸여 있다고 믿었습니다. 같은 시기, 아래쪽 서아프리카의 요루바 전사들은 북쪽에서 불어오는 뜨거운 바람을 맞으며 이렇게 생각했지요. '이 바람이 대장장이이자 용맹한 전쟁의 신인 오군의 대장간을 날려 버릴 오야 여신의 숨결'이라고 말이에요.

이처럼 세상을 바라보는 견해들은 지역과 문화에 따라 너무나 다릅니다. 그럼에도 하나로 모아지는 공통점이 있다면 바다와 산, 태양과 달, 천둥과 번개 그리고 동물들을 어떠한 방식으로 받아들이고 다음 세대에 전했는지 보여 주고 있다는 것입니다. 그리고 이러한 관점으로 사람들이 저마다 세상을 이해해 왔다는 사실이지요.

사람들이 신과 인간의 세계에 대한 개념을 세우는 데 있어서 인류가 어디에서 살았고 어떻게 살았는지에 대한 정보는 중요한 역할을 합니다. 고대 그리스 사람들은 지중해를 항해하면서 많은 시간을 보냈습니다. 그래서 세상은 주변이 온통 바다로 둘러싸여 있고 평평하며, 그 아래에는 지하 저승 세계가 있다고 믿었지요. 그에 반해 울창한 정글 속에서 살았던 남아메리카의 야노마미 부족들은 세상을 거대한 숲의 세계라고 여겼습니다. 또한, 이집트 신화는 해마다 넘쳐 흘렀던 나일강의 홍수에 많은 영향을 받기도 했지요.

나는 아버지가 되고 나서, 어릴 적 그토록 사랑했던 신화와 전설들을 다시 읽을 근사한 핑곗거리가 생겼습니다. 아들과 옛날이야기들을 함께 나눌 방법을 찾아 나서기로 한 것이지요. 신화 속 세상이 실제로 어떻게 보일지, 그곳을 직접 여행한다면 어떤 기분일지 상상하며 많은 시간을 보냈습니다. 그렇게 《세계 신화 아틀라스》가 시작되었지요.

세상에 존재하는 모든 전설들을 찾아 이야기하기 위해 이 책을 쓴 것은 아닙니다. 그렇다고 특정한 문화와 그 속에 존재하는 신에 관한 모든 것을 설명하려는 것도 아닙니다. 이 책은 신화 속 상상의 세계와 그곳에 살던 사람들을 보여 주는 일련의 지도입니다. 이를 통해 특별한 인물들을 하나하나 소개하고, 여러분이 그들의 환상적인 이야기를 차례차례 맛보면서 저마다의 방식으로 이 매혹적인 세계를 여행할 수 있게끔 도와줄 것입니다.

내가 그랬듯이 이 책을 읽는 여러분도 지도 속 장소와 이야기들에 사로잡히고 감동하길 바랍니다. 나아가 다른 책과 이야기 그리고 영화들을 통해 신화의 세계들을 계속해서 탐험하길 희망합니다.

신화 여행은 다음 장에서부터 시작됩니다. 멀리 그리고 넓게 여행하세요. 그리고 마음껏 즐기세요. 여행하다 혹 길을 잃더라도, 아무 걱정하지 마시라! 천둥새의 등에 올라타거나 태양을 실어 나르는 배를 타고 하늘을 가로지르든, 여러분은 늘 다시 돌아오는 길을 찾게 될 것입니다.

티아고 드 모라에스

세계 신화 아틀라스

여행 안내

여러분은 아메리카와 유럽에서부터 아시아와 아프리카, 오세아니아까지 여행할 것입니다.
그러면서 믿을 수 없을 만큼 많은 신과 괴물, 영웅과 악당 그리고 짐승 들을 만날 거예요.
세계 신화를 여행하기 전에 꼭 알아야 할 몇 가지 사항들이 있습니다.

오늘날의 세계와 이곳에 살고 있는 사람 그리고 동물 들은 태초에 어떻게 생겨났을까요? 이에 대해
각각의 문화권에서 이어 오는 저마다의 생각들을 토대로 열두 세계의 지도를 만들었습니다.
이 지도를 따라 탐험하고 아울러 함께 소개되는 이야기를 읽으면서, 세상 곳곳을 여행해 보세요.
당시 사람들이 자기가 살고 있는 세상을 어떤 방식으로 이해했는지 생생히 경험하게 될 것입니다.

이 책을 읽으며 여행하는 방법 :

1. 각 장마다 맨 앞에 제시된 도입부는 각각의 문화에 담긴 신화와 토속 신앙에 대해 간략하게 소개하고, 아울러 각 문화권에서 세상을 어떻게 바라보았는지에 대해 설명합니다.

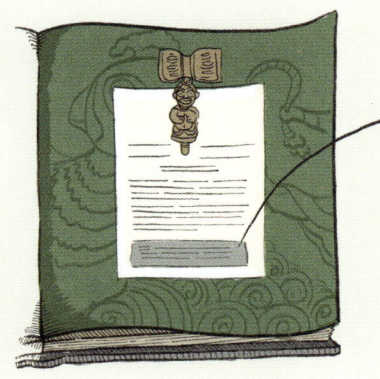

어디일까요? 에서는 당시 사람들이 실제 살았던 곳에 대해 알려 줍니다.

2. 신화 세계의 지도들은 다양한 문화권에서 저마다 세계를 어떻게 이해했는지 그리고 세상이 어떤 방식으로 창조되었다고 여겼는지 보여 줍니다.

당시 사람들이 생각했던 **세계를 표현한** 지도입니다. 수많은 신과 영웅 그리고 괴물 가운데 몇몇 주인공들을 골라 지도에서 소개하고 있습니다. 되도록 많은 주인공들을 담기 위해 커다란 크기의 책으로 만들었습니다.

3. 각 장의 신화 이야기를 읽으면서 예부터 전해 내려오는 신화와 전설 들을 쉽고 재미있게 접할 수 있습니다.

하늘색 리본 속 목록은 지도에서 소개한 주인공들을 표시합니다.

세계 신화 이모저모 에서는 미처 못다 소개한 정보와 이야기들을 짤막하게 보충합니다.

4. 상상 속 동식물과 문화유산 장에서는 호기심 넘치는 사실들이 담겨 있습니다. 각 신화마다 꼭꼭 숨어 있는 무시무시한 괴물들과 신비로운 유물, 유적들을 한시라도 빨리 만나고 싶을 것입니다.

 이름 찾아보기:
책 속에는 지상신 제우스와 태양신 라에서 괴물 요르문간드르와 요정 밴시에 이르기까지
이름난 주인공들이 수두룩이 등장합니다. 맨 마지막 장의 '이름 찾아보기'에서 확인하세요.

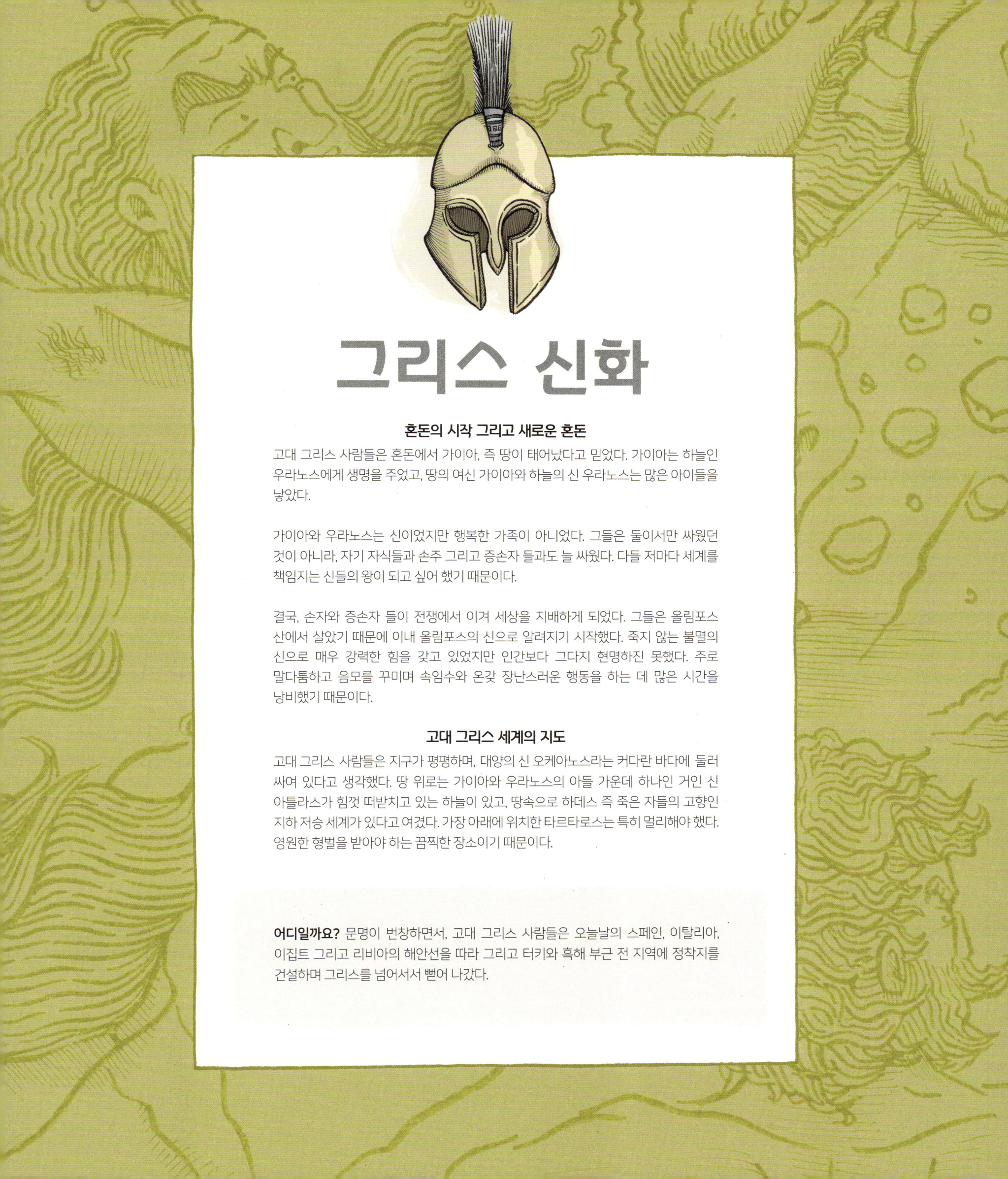

그리스 신화

혼돈의 시작 그리고 새로운 혼돈

고대 그리스 사람들은 혼돈에서 가이아, 즉 땅이 태어났다고 믿었다. 가이아는 하늘인 우라노스에게 생명을 주었고, 땅의 여신 가이아와 하늘의 신 우라노스는 많은 아이들을 낳았다.

가이아와 우라노스는 신이었지만 행복한 가족이 아니었다. 그들은 둘이서만 싸웠던 것이 아니라, 자기 자식들과 손주 그리고 증손자 들과도 늘 싸웠다. 다들 저마다 세계를 책임지는 신들의 왕이 되고 싶어 했기 때문이다.

결국, 손자와 증손자 들이 전쟁에서 이겨 세상을 지배하게 되었다. 그들은 올림포스 산에서 살았기 때문에 이내 올림포스의 신으로 알려지기 시작했다. 죽지 않는 불멸의 신으로 매우 강력한 힘을 갖고 있었지만 인간보다 그다지 현명하진 못했다. 주로 말다툼하고 음모를 꾸미며 속임수와 온갖 장난스러운 행동을 하는 데 많은 시간을 낭비했기 때문이다.

고대 그리스 세계의 지도

고대 그리스 사람들은 지구가 평평하며, 대양의 신 오케아노스라는 커다란 바다에 둘러싸여 있다고 생각했다. 땅 위로는 가이아와 우라노스의 아들 가운데 하나인 거인 신 아틀라스가 힘껏 떠받치고 있는 하늘이 있고, 땅속으로 하데스 즉 죽은 자들의 고향인 지하 저승 세계가 있다고 여겼다. 가장 아래에 위치한 타르타로스는 특히 멀리해야 했다. 영원한 형벌을 받아야 하는 끔찍한 장소이기 때문이다.

어디일까요? 문명이 번창하면서, 고대 그리스 사람들은 오늘날의 스페인, 이탈리아, 이집트 그리고 리비아의 해안선을 따라 그리고 터키와 흑해 부근 전 지역에 정착지를 건설하며 그리스를 넘어서서 뻗어 나갔다.

그리스 세계

고르곤 세 자매, 바다의 요정 세이렌,
온갖 괴물과 신화 속 신비한 짐승 들까지 그리스 세계를 이루는
신과 영웅 그리고 또 다른 존재들에 관한 지도

㉚ 헤르메스
신들의 명령이나 부탁을 대신 전달하는 전령으로, 행동이 매우 빠르고 신과 인간 세계를 넘나들며 여행한다. 영리하고 교활하며, 다른 신들을 곤경에 빠뜨리거나 때로는 도와주기도 한다.

㉙ 셀레네
달의 여신이자 헬리오스와 남매 사이이다. 헬리오스처럼 전차를 몰고 다니면서, 밤이면 전차로 하늘을 가로지른다.

㉗ 아레스
전쟁과 폭력 그리고 모든 난폭한 자들의 신이다. 패배의 신 데이모스와 공포의 신 포보스 같은 무서운 자식들이 있으며, 무례한 행동을 용납하지 않는다.

㉘ 아프로디테
사랑과 아름다움의 여신이다. 제우스의 명으로 헤파이스토스와 결혼했지만 안타깝게도 남편을 그다지 좋아하지 않는다.

㉖ 아틀라스
티탄이 올림포스 신들과의 전쟁에서 패배한 뒤, 그 일족인 아틀라스는 자신의 어깨로 하늘을 떠받치는 벌을 받았다. 아틀라스는 메고 있는 하늘이 너무 무거워서 헤라클레스를 비롯한 다른 누구에게든 속여서 자신의 임무를 떠넘기려고 했다.

㉕ 아르테미스
아폴론의 쌍둥이 여동생으로 사냥의 여신이다. 훌륭한 궁수로서 야생 동물과 숲 그리고 언덕을 보호하는 역할을 한다. 늘 그 곁을 따라다니는 사슴이 있다.

㉔ 데메테르
제우스의 누나이자, 풍요와 농경의 여신이다. 하데스가 딸 페르세포네를 납치하자 세상이 무너지는 것 같은 슬픔을 겪으면서도, 잃어버린 딸을 되찾기 위해 모든 노력을 기울인다.

㉓ 디오니소스
포도주의 신이자, 온갖 기쁨과 광란의 신이다. 자신의 본분을 완전히 잊어버린 채 아주 못된 짓을 벌이는 신이기도 하다.

㉑ 세이렌
여성의 얼굴에 새의 몸을 한, 끔찍한 괴물이다. 자신의 아름다운 목소리로 선원들이 탄 배를 바닷속 암초 가까이 유인해 결국 침몰시키곤 한다.

㉒ 포세이돈
말을 무척이나 아끼는 바다의 왕이다. 성질이 보통이 아니며, 바다의 바닥을 뒤흔들어서 지진을 일으킨다.

⑳ 타르타로스
벌을 받는 끔찍한 지하 저승 세계이다. 제우스는 티탄과의 전쟁에서 승리한 뒤 패자들을 이곳으로 보내 버렸다. 시시포스는 산꼭대기에 올려놓으면 다시 굴러떨어지는 거대하고 무거운 바위를 영원히 산꼭대기로 밀어 올리는 형벌을 받았다. 이처럼 이곳은 온갖 못된 군상들로 가득하다.

⑲ 오르페우스
훌륭한 리라 연주 실력 덕분에 아르고호를 세이렌에게서 지켜 냈다. 죽은 아내 에우리디케를 지하 저승 세계에서 다시 데리고 나오려다 실패했다. 그 뒤로 트라키아 여인들이 오르페우스를 서로 차지하려 했지만 원한이 맺혀 그를 갈기갈기 찢어 죽였다. 잘려 나간 오르페우스의 머리와 리라는 지금까지 사랑의 음악을 연주하고 있다고 한다.

⑱ 페르세포네
하데스의 부인이자, 데메테르의 딸이다. 페르세포네는 하데스에 지하 저승 세계로 납치되어 오직 봄과 여름에만 지상 세계로 돌아갈 수 있다.

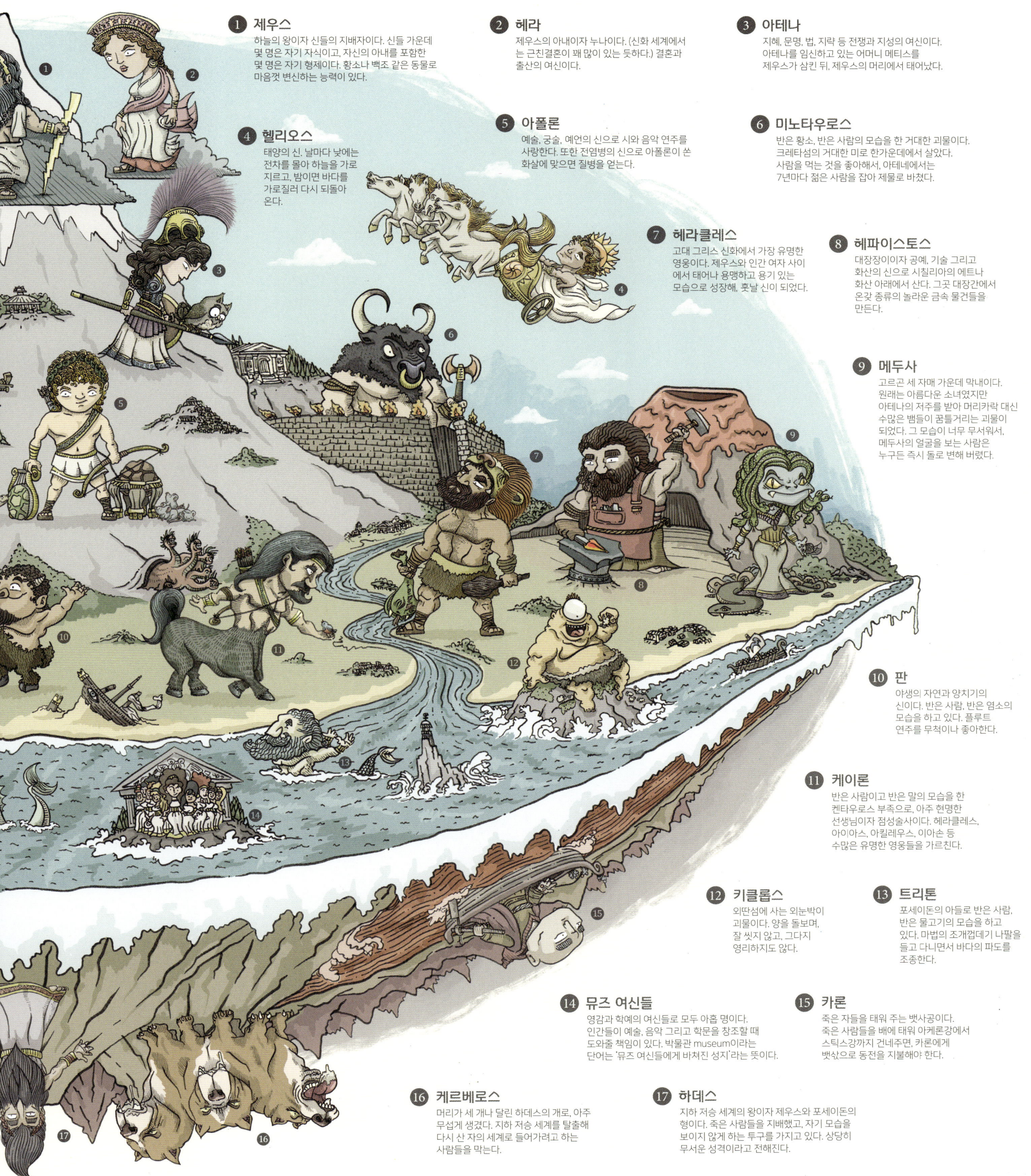

1 제우스
2 헤라
7 헤라클레스
16 케르베로스
17 하데스
26 아틀라스

헤라클레스의 열두 가지 과제

거대 괴물과 분노한 신 들 그리고 엄청난 똥 무더기를 어떻게 처리할 것인가?

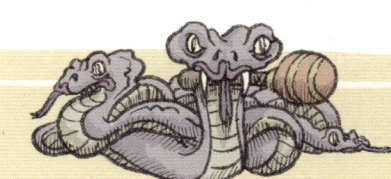

제우스의 부인 헤라는 의붓아들인 헤라클레스가 조금도 마음에 들지 않았다. 헤라가 어찌나 끊임없이 괴롭혔는지 헤라클레스는 성인이 될 무렵 정신이 나가 버렸다. 그리고 광기에 사로잡힌 나머지 그만 자신의 아내와 아이들을 죽이고 말았다.

헤라클레스는 시간이 지난 뒤 자신이 무슨 짓을 했는지 깨닫자 슬픔을 이기지 못하고 망명 생활을 시작했다. 자신이 저지른 짓을 속죄하고 싶어 델포이 신전을 찾아 어찌하면 좋을지 신탁을 청했다. 그러자 신탁은 티린스의 에우리스테우스 왕을 찾아가 왕이 요구하는 열두 가지 과제를 해결하고 나면 죄를 용서받을 수 있을 거라고 말했다.

주어진 과제들을 달성하는 건 거의 불가능했다. 당시 그리스 전 지역에 커다란 재앙을 불러일으키고 있던 어마어마하게 크고 잔뜩 성난 동물들을 처리하는 일도 있었기 때문이다. 그럼에도 헤라클레스는 하나씩 능숙하게 해결해 나갔고, 꽤 오랜 시간이 걸리기는 했지만 모든 과제들을 성공적으로 끝마쳤다.

헤라클레스는 마침내 자신의 아내와 아이들을 죽인 죄를 용서받아 유배지에서 돌아왔다. 그 뒤로도 수많은 모험을 치르면서 더욱더 유명해졌다. 죽고 나서 신의 자리에 오르자 올림포스산으로 올라가서 아버지인 제우스와 함께 살았다.

세계 신화 이모저모

헤라클레스가 태어난 지 얼마 안 되었을 때, 새어머니인 헤라가 요람에 독뱀을 집어넣어 그를 제거하려고 했다. 다행히 아주 힘이 센 아기였기 때문에 작은 주먹으로 뱀들을 모조리 힘껏 졸라 죽여 버렸다.

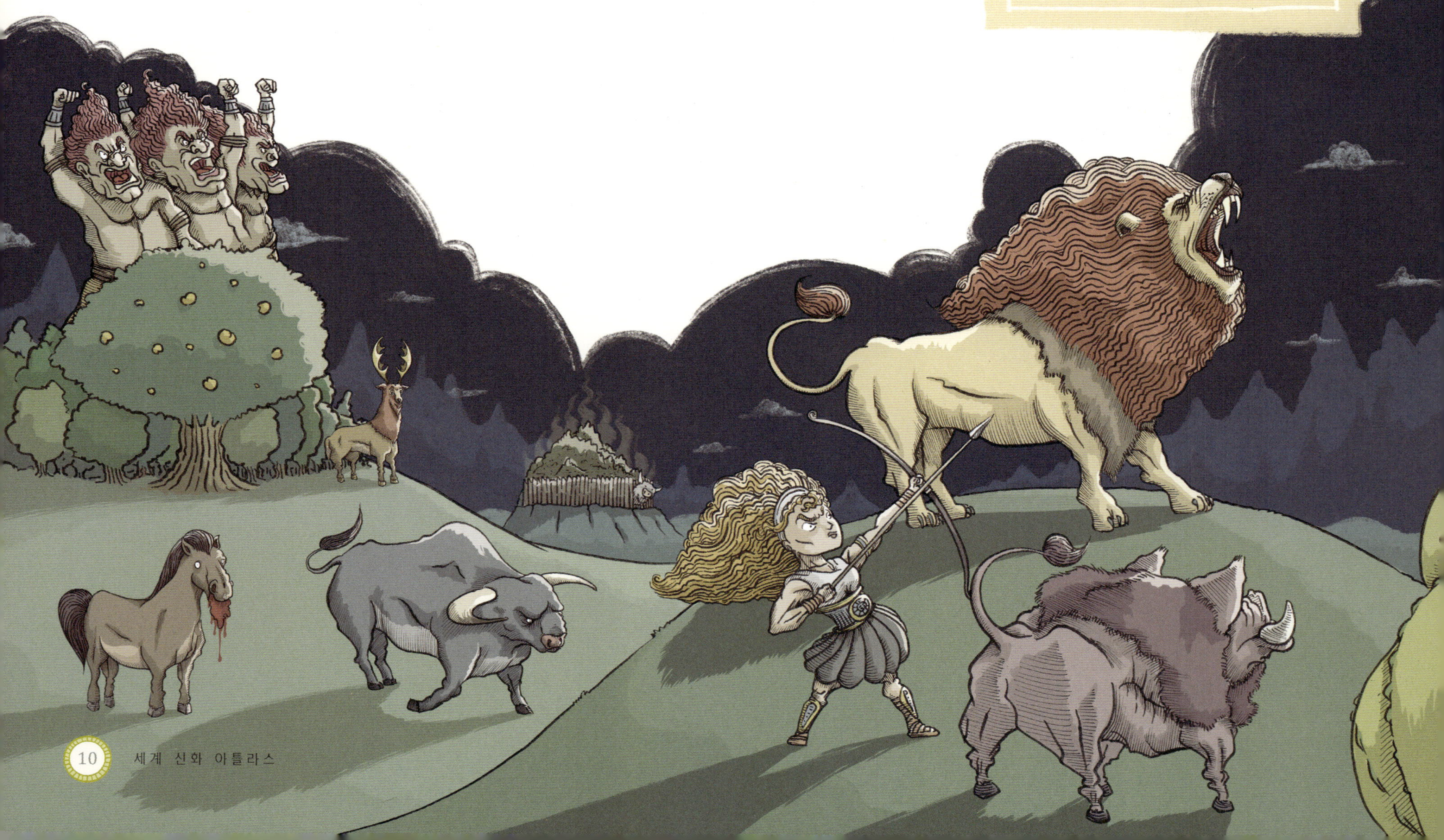

헤라클레스의 열두 가지 과제

1
죽지 않는 몸으로 태어난 거대한 사자 네메아를 죽일 것

2
머리가 아홉 개 달린 괴물 뱀 히드라를 죽일 것

3
케리네이아의 황금 뿔 암사슴을 잡을 것

4
에리만토스의 거대한 멧돼지를 덫으로 잡을 것

5
아우게이아스 왕의 외양간에 쌓인 30년어치의 쇠똥 무더기를 청소할 것

6
스팀팔로스 호수에서 놋쇠 발톱을 가진 식인 새를 쏴 죽일 것

7
크레타의 무시무시한 황소를 잡아와 길들일 것

8
트라키아의 왕 디오메데스의 사람 잡아먹는 사나운 말들을 사로잡을 것

9
아마존 여전사들의 여왕인 히폴리테의 허리띠를 훔칠 것

10
세 개의 몸을 가진 괴물인 게리온의 소를 훔칠 것

11
아틀라스의 딸이자 밤의 요정들인 헤스페리데스의 정원에서 황금 사과를 훔칠 것

12
하데스 지하 저승 세계의 출입문을 지키는 머리 셋 달린 개 케르베로스를 사로잡을 것

올림포스 신들과 티탄의 전쟁
풀리지 않는 가족 간의 다툼

대부분의 인간은 누가 세계를 통치할지 결정하기 위해 가족끼리 다투지는 않는다. 그러나 그리스 신들에게는 이 문제야말로 상당히 머리 아픈 골칫거리였다.

1. 제우스
20. 타르타로스
26. 아틀라스

땅인 가이아와 하늘인 우라노스가 세상을 창조했고, 이들 두 신은 모두 열두 명의 아이들을 낳았다. 이 자손들이 바로 티탄이다.

불행히도 우라노스는 아버지로서 자격이 부족했다. 가이아는 자식들에게 아버지 우라노스를 제거하라고 부추겼다. 자식들 가운데 시간을 주관하는 크로노스가 특히 용감했다. 결국 크로노스는 자기 아버지를 물리치고 티탄의 통치자가 되어 골치 아픈 문제가 정리되었다. 그리스 신들은 번번이 형제자매끼리 결혼했고, 크로노스 또한 누이인 레아와 결혼했다. 그들 사이에서 많은 자식들이 태어나면서, 잠시 동안이나마 모든 것은 평화로웠다.

그러나 얼마 지나지 않아, 크로노스는 걱정이 생겼다. 자신이 아버지를 물리쳤던 것처럼 자식들이 자신을 왕좌에서 몰아낼까 봐 두려웠던 것이다. 결국, 그는 다섯 아이들이 자라나서 자신과 싸움을 벌이기 전에 모두 잡아먹고 말았다.

레아는 크로노스의 계략에 너무 화가 났다. 그래서 둘 사이에서 여섯 번째 아이가 태어나자, 커다란 돌멩이를 포대기에 감싸서 아기처럼 보이도록 꾸몄다. 크로노스는 레아의 꾀에 속아 넘어가 아이 대신 돌을 삼켜 버렸다.

그렇게 아버지에게 잡아먹히지 않고 살아남은 아기가 바로 그리스 신화의 지상신이자, '신과 인간의 아버지'로 불리는 제우스였다. 레아는 제우스가 살아 있다는 사실을 크로노스가 눈치채지 못하도록 꽁꽁 숨겨 가며 키웠다. 제우스는 성장하면서 비범한 능력을 보이며 점점 강해지고 힘이 더욱 세졌다.

마침내 제우스는 아버지와 충분히 싸울 수 있을 만큼 자라자, 술 따르는 사람으로 변장하고 크로노스 앞에 나타났다. 그리고 술에 독을 타 따라 주었지만 크로노스는 독주를 마시고도 죽지 않았다. 대신, 지난 수년 동안 잡아먹었던 다섯 아이들을 토해 내었다.

자칭 올림포스의 신이라고 불리던 젊은 신들과 티탄이라고 불리던 오랜 신들 사이에서 커다란 전쟁이 일어났다. 결과적으로 티탄은 전쟁에서 패배하여 올림포스의 신들이 마침내 세계를 통치하게 되었다.

전쟁이 끝나자, 제우스는 티탄을 벌했다. 몇몇 티탄들을 타르타로스로 내려보내 영원토록 죗값을 치르게 했고, 아틀라스로 하여금 하늘을 어깨로 떠받치라고 명령했다. 마찬가지로 다른 티탄들에게도 저마다 끔찍한 임무들을 맡겼다.

신화 속 가족 계보
그리스 신들의 가족 중 주요 캐릭터 모음

어머니 : 가이아
(땅)

아버지 : 우라노스
(하늘, 가이아의 아들이기도 하다.)

열두 명의 자식들 : 티탄, 최초의 거인들

오케아노스, 코이오스, 테티스, 테이아, 히페리온, 크로노스, 레아, 므네모시네, 이아페토스, 크리오스, 포이베, 테미스

올림포스의 신들

헤스티아, 데메테르 24, 포세이돈 22, 제우스 1, 헤라 2, 하데스* 17

*사실, 엄밀히 말하면 하데스는 올림포스의 신이 아니라고 한다. 왜냐하면 그는 지하 저승 세계에 살았고, 올림포스산을 방문한 적이 한 번도 없었기 때문이다.

제우스의 자식과 다른 올림포스의 신들

아테나 3, 아폴론 5, 아르테미스 25, 아레스 27, 아프로디테 28, 헤파이스토스 8, 헤르메스 30, 디오니소스 23

그리스
상상 속 동식물과 문화유산

5 아폴론
22 포세이돈

페가소스

포세이돈의 아들로, 날개가 달린 말의 모습을 하고 있다. 영웅 벨레로폰이 괴물 키마이라를 처단할 때 도와준 일로 유명하다. 키마이라는 사자 머리에 염소의 몸 그리고 뱀의 꼬리를 한 모습으로, 날개가 있다가 없기도 했다. 벨레로폰은 키마이라를 죽이고 나서 스스로 꽤 만족해했다.

스킬라와 카리브디스

좁은 해협의 양편에 도사리고 있는 두 마리의 끔찍한 바다 괴물들이다. 해협을 지나는 모든 배들에게 재앙을 의미했다. 어떤 사람들은 스킬라가 용의 꼬리를 가진 여자라 하고, 또 다른 사람들은 수많은 머리를 가진 괴물이라고도 한다. 어쨌든 스킬라가 무시무시한 존재였다는 사실만큼은 모두 의견이 같다. 카리브디스는 바닷속에 살면서, 거대한 소용돌이를 일으켜 주변을 지나는 배들을 물속으로 끌어당긴다.

황금 털 숫양

날개 달린 거대한 양으로, 황금으로 된 뿔과 양털을 가지고 있다. 당시 신화에는 날개 달린 포유동물이 종종 등장하곤 했다. 영웅 이아손은 숫양의 털인 '황금 양모피'를 구해 오는 임무를 완수하기 위해 그리스에서 이름난 영웅들을 뽑기도 했다.

델포이의 신탁

고대 그리스 사람들은 알 수 없는 미래에 대해 묻고 싶을 때면 델포이 지방의 아폴론 신전으로 갔다. 아폴론의 여사제에게 질문하면 여사제는 최면 상태에 빠져 온갖 기이한 행동을 보인 다음, 아주 애매모호한 방식으로 답을 주었다. 신전에 보관된 옴파로스라 불리는 커다란 돌은 '세계의 중심'이라는 뜻이다.

야노마미 신화

하늘이 떨어지고 땅이 꺼지면서 탄생한 세계

남아메리카의 야노마미 땅 곳곳에는 어디를 가나 수많은 신화와 전설 들이 존재한다. 어떤 신화에서는 마코아웨라 불리는 최고의 존재가 세계를 창조하여 땅과 하늘 그리고 최초의 인간을 만들었다고 한다. 또 다른 신화에서는 오마메라고 불리는 남자와 그 쌍둥이 형제인 요아시가 세상을 창조했다고도 한다. 하지만 요아시는 세계 창조에 도움을 주기는커녕 늘 방해가 되곤 했다고 전해진다.

야노마미에서 전통적으로 하나같이 입을 모아 이야기하는 신화가 하나 있다. 아주 오래전에 하늘이 땅으로 떨어져 내려 땅에 있던 모든 것이 망가졌고, 그전까지 땅이었던 공간 또한 지하 저승 세계 밑으로 밀려 내려갔다는 것이다. 즉, 현재 우리가 딛고 있는 땅이 오래전 하늘이라는 뜻이다. 참사가 일어난 뒤, 새로운 땅에서는 오마메가 창조한 사람들과 새의 다리를 타고 날아 하늘에서 내려온 사람들이 다시금 살아갔다.

야노마미 사람들은 자연과 인간 세상에 어떤 차이가 있는지 잘 알지 못하거나, 아예 인정하려 하지 않는다. 예를 들어, 대부분의 동물들이 과거에는 사람이었기 때문에 지금도 여전히 자기들이 사람인 줄 알고 사람처럼 행동한다고 믿는다. 물론, 사람 역시 때로는 선택이나 우연한 사고로 인해 동물로 변할 수 있다고 여긴다.

야노마미 세계의 지도

야노마미 사람들은 우주가 총 4층으로, 각층마다 원반 모양을 한 평면들로 이루어져 있다고 여긴다. 맨 꼭대기에는 가장 높은 하늘이 있고, 바로 아래에 해와 달 그리고 별들이 떠 있는 중간의 하늘이 있다. 그 밑으로는 우리히, 즉 '거대한 숲'이라고 불리는 땅이 존재한다. 맨 아래에 위치한 지하 저승 세계는 오래전 하늘이 떨어지는 바람에 붕괴되었던 예전 땅의 흔적이다.

어디일까요? 오늘날의 야노마미 부족은 브라질과 베네수엘라의 국경 지대에 인접한 아마존 열대 우림 지역에서 살고 있다. 오리노코강 가까이에 자리한 숲과 산악 지대 곳곳에 흩어져 수많은 마을을 이루고 있다.

야노마미 세계

창조신, 영웅, 동물, 사람 그리고 유난히 배고픈 몇몇 난쟁이까지 4층의 야노마미 세계에 관한 지도

① 마쿠아웨

땅과 하늘과 태양과 달 등 대부분의 자연물과 야노마미 부족 이전부터 살았던 모든 사람들을 창조했다. 그 뒤로는 하늘 세계로 가서 살고 있었다. 짐작건대, 창조물들이 내는 시끄러운 소음을 더는 견디기 어려워서였을 것이다.

② 태양

태양은 하늘에 살았고 달라는 친척지간이다. 원래는 좋은 친구였으나 달이 사람을 잡아먹을 때 사람을 보호해 주면서 사이가 나빠졌다.

③ 달

사람을 잡아 먹었다고 한다. 태양과 다투고 나서 태양이 쏜 화살을 맞아 반대편으로 가 버렸다. 땅으로 떨어지는 핏자국이 보이지 않는 동안에는 지상에 머물면서 태양 무서워서 계곡에 몸을 숨겼다가 다음에 피 때문에 굴러 떨어진 계곡을 세우곤 한다.

④ 레드 보아

태양과 달을 땅에까지 연결해 주는 무지개이다. 뱀으로 된 모습을 하고 있지만 때로는 사람으로 변신할 수도 있다.

⑤ 보로오라베

야노마미 사람들이 죽으면 영혼이 보로오라베라고 불리는 동물로 변하는데, 이들이 하늘 위에다시 하늘 뒤편에서 살고 있다.

⑥ 밤새

야노마미 사람들에게 목화로 옷과 여러 장신구 만드는 법을 가르쳐 주었다. 맥처럼 커지고 싶어 있었지만, 예나와 그는 사실이든 하늘 가운데로 거대해진 못할 사람을 잃어버리는 일이 무척이나 힘들어지기 때문이다.

⑦ 사슴

야노마미 최초의 주술사로, 영혼과 이야기를 주고받을 수 있었다. 이숨을 치를 때 부르는 노래를 만들었고, 야노마미 주술사들이 피우는 코담배를 발명했다.

⑧ 맥

전통은 땅에 내려오면서 떼어지는 동물의 모습을 취했다. 그러나 이는 나쁜 결말을 몰리일으켰다. 동물의 모습을 하고 있다가 사냥꾼들에게 들켜 죽고 많이기 때문이다. 맥이 간신히 하늘로 날아가 그곳에서 다시금 천둥이 되었다.

⑨ 오마메와 요아시

맥과 힘을 가진 쌍둥이 형제이다. 오마메는 영리하고 강했지만 요아시는 그렇지 못했다. 몇몇 사람들은 오마메가 오늘날의 야노마미 사람들을 창조했다고 믿는다. 오마메는 사람들이 좀 더 오래 살기를 바라는 마음에서 단단한 나무로 사람들을 만들었지만, 하지만 게으른 요아시는 주변에 흘린 연약한 나무로 사람을 창조한 탓에 그 뒤로는 주변에 흘린 연약한 나무로 사람을 창조한 탓에 그 뒤로는 인간의 수명이 짧아졌다.

⑩ 포레
페테이 조상으로 키가 아주 크고, 아마미 전통 방식으로 머리카락을 자른 최초의 사람이다.

⑪ 샤피리페
주술사의 영적 도우미이다. 다른 동물들과 다양한 존재들을 그리고 숲속 식물들을 대변한다.

⑫ 페타
아마미 최초의 여자아이 셋이 모습이다. 하늘 세계에서 태어난 남자아이 셋을 상대로 태어났고, 여성으로 변한 뒤에 그들의 부인이자 무리의 우두머리가 되었다.

⑬ 호로나미
페테이 네 남매들 가운데 한 명이자 위대한 탐험가이다. 하늘의 세계를 여행하고 바나나와 담배를 가지고 자기 부족에게 돌아왔다. 그 두로 부족민들이 뜸 많지 않은 사람들 때문에 보면, 그들 또한 호로나미에게 무척 고마워했던 듯하다.

⑭ 악어
불을 가지고 있지만 남에게 빌려 주기도 아노 누구에게 불을 나눠 쓰고 살이 하지 않았다. 남을 속이려고 변한 뒤에 그림의 모습을 하기도 했다. 개구리와 결혼했다.

⑮ 오셀롯
뛰어난 사냥꾼이다. 크고 웅장한 나무에서 주변은 밤의 정령들을 화살로 맞추고서 낮과 밤을 창조했다.

⑯ 재규어
항상 배가 고팠던 재규어들은 숲속 동물과 사람에게 늘 위험한 존재였고, 폭력적이고 정직하지 못해 남을 속이려고 변한 뒤에 그림의 모습을 하기도 했다.

⑰ 시피나
거대한 몸집에 매우 긴 털을 지닌 원숭이로 후부자기도 했다. 아주 강한 힘을 가지고 있어 후부자는 다른 원숭이들을 잡아먹었다. 놀랍게도 사람 먹는 것 역시 아주 좋아했다.

⑱ 아오바타리페
세상이 맨 처음 생겨났을 때 살았던 최초의 원주민들이다. 하늘이 멀리 땅바닥에서 이들은 지하 세상이자 잠시 긴 이빨을 가진 식인종으로 변했다.

⑲ 오에네티브
지하 지금 세계에서는 난쟁이들이고, 끝없이 배고파 해 밤낮을 먹는 데 모든 시간을 소비했다.

두꺼비 파티
우물 안 두꺼비들, 진짜를 만나다

동물과 사람에 대한 구별이 없었던 옛날 옛적에 코코아 개똥지빠귀, 흰목 개똥지빠귀 그리고 모기라고 불렸던 위대한 가수 셋은 어떻게 노래하는지 가르쳐 주기 위해 두꺼비 마을을 방문했다.

초대 가수 셋이 커다란 두꺼비네 집에 들어갔을 때 두꺼비들은 한창 흥겹게 춤추면서 파티를 즐기고 있었다. 셋은 잔뜩 기대에 부풀어 자신들이 노래 부를 차례를 기다렸다.

이윽고 두꺼비들이 노래를 부르기 시작하자, 셋은 깜짝 놀라고 말았다. 노랫소리가 정말이지 끔찍했기 때문이다! 두꺼비들은 그저 시끄럽게 꽥꽥 울어 대는 것도 모자라 가수 셋이서 노래하려고 할 때마다, 훼방을 놓듯 더욱 목소리를 높였다. 두꺼비들은 밤새 그렇게 목청껏 울어 댔다.

아침이 밝았다. 코코아 개똥지빠귀, 흰목 개똥지빠귀 그리고 모기는 완전히 지친 데다 잔뜩 화가 나 있었다. 두꺼비들이 내는 무시무시한 소음을 밤새 들어야 했을 뿐만 아니라 정작 자신들은 노래를 부르지도 못했기 때문이다. 그럼에도 코코아 개똥지빠귀는 무례한 두꺼비들에게 다시 한번 제대로 된 가르침을 베풀기로 결심했다.

코코아 개똥지빠귀는 두꺼비네 집 한가운데로 걸어 들어가 노래를 부르기 시작했다. 그 목소리가 너무 아름다워서 꽥꽥거리던 두꺼비들이 모두 울음을 멈추고, 노랫소리에 귀 기울였다. 코코아 개똥지빠귀의 노래가 끝나고 이번에는 흰목 개똥지빠귀가 노래를 시작했다. 이어서 마지막으로 모기가 멋진 노래를 들려주었다.

무척이나 감동한 두꺼비들은 자신들의 노래가 얼마나 한심하고 엉망이었는지 깨닫고는 못내 슬퍼하기까지 했다. 심지어 암두꺼비 몇몇은 가수 셋과 결혼하기로 결심할 만큼 그들의 노래를 사랑했다. 세 친구들은 점점 불안해졌다(여러분도 누군가와 결혼하고 싶다면, 먼저 상대방의 생각부터 물어보길 바란다.).

셋은 마을에서 빠져나와 숲속으로 도망쳤다. 그 뒤를 암두꺼비들이 부지런히 쫓았다. 그렇게 몇 시간을 달리고 나니 마침내 암두꺼비들이 추격을 포기했다. 하지만 셋은 숲에서 그만 길을 잃고 말았다. 그들은 하염없는 날들과 시간을 허비하고 수많은 모험을 겪고 나서야 겨우 자기 마을로 돌아갈 수 있었다.

동물들은 어떻게 불을 쓰게 되었나
좋은 것이 있으면 이웃과 나눠야 한다

아주 먼 옛날에는 누구도 불을 어떻게 피우는지 몰랐다. 불이 없으니 사람들은 날것을 먹었고, 밤에는 추위를 많이 탔다. 유일하게 악어가 불을 가지고 있었지만, 불을 입안에 숨겨 놓고는 아무에게도 이야기하지 않았다.

악어는 다른 동물들과 함께 사냥을 나가곤 했다. 그때마다 악어는 자신이 잡은 음식을 몰래 요리했고, 자기 음식이 날것이 아니라는 것을 누구도 눈치채지 못하도록 나뭇잎에 싸서 숨겼다. 그러던 어느 날, 우드퀘일 부족 출신의 소년이 악어네 집에서 새까맣게 탄 나뭇잎들을 발견하고는 이를 다른 동물들에게 이야기했다.

모두들 악어가 불을 어디에다 숨겨 놓았다고 굳게 믿었다. 그래서 그 뒤로 몇 주 동안 가까이서 악어를 지켜본 결과, 어디를 가든 악어한테 불이 있다는 사실을 알아냈다. 그리고 악어가 불을 커다란 입안에 숨기고 있는 게 분명하다고 결론지었다. 악어에게는 달리 주머니나 가방이 없었고, 그렇다고 불이라고 표시해 둔 커다란 상자도 없었기 때문이다. 동물들은 자신들도 불을 가져야겠다고 마음먹고 악어에게서 불을 훔쳐 내기 위해 성대한 무도회를 열기로 했다.

이윽고 우드퀘일 부족, 개미핥기, 박쥐 그리고 개미 개똥지빠귀 등 많은 동물들이 무도회에 참석해 저마다 우스꽝스러운 춤을 추면서 악어가 껄껄 웃게끔 유도했다. 하지만 악어는 별로 재미없었는지 그저 자리에 앉아 춤추는 다른 동물들을 지켜볼 뿐이었다.
마지막으로 개미 개똥지빠귀가 무대로 올라오더니 아주 바보 같은 동작으로 춤을 추다가 자리에 같이한 다른 동물들 위로 커다란 똥 덩이들을 뿌리며 공연을 마무리했다. 악어는 그 모습이 너무너무 재미있어서 배꼽이 빠져라 웃어 대며 바닥을 떼굴떼굴 굴렀다.

새들은 그 기회를 놓치지 않고 악어의 열린 입안으로 날아 들어가 숨겨 놓은 불을 훔쳤다. 그러고는 아주 높이 솟은 나무 꼭대기로 날아올라서는 다른 동물들에게 불을 골고루 나눠 주었다. 몇몇 새들은 그러다가 몸이 불에 새까맣게 그을려서 그 뒤로 검은색 깃털을 갖게 되었다.

세계 신화 이모저모

많은 야노마미 신화에서 사람은 동물과 다른 존재가 아니며, 동물 역시 인간처럼 걷고 말하고 먹으면서 생활한다. 대부분의 문화권에서는 재규어를 털로 뒤덮인 네 발 달린 짐승이라 생각하겠지만, 야노마미 세계에 등장하는 재규어들은 자신을 비롯한 다른 재규어들이 인간과 구별 없는 생명체라고 여긴다. 즉, 재규어는 사람을 그저 먹기 좋고 맛 좋은 작은 멧돼지쯤으로 인식하는 것이다. 그러니 혹시라도 재규어와 마주치게 되면, 먹이가 되지 않도록 될 수 있는 대로 빨리 도망쳐야 한다.

야노마미
상상 속 동식물과 문화유산

밤의 정령들

오셀롯은 나무에 걸터앉은 몇몇 밤의 정령들을 화살로 쏴 맞히고서 낮과 밤을 창조했다. 정령들은 거대한 보관조처럼 생겼으며, 밤마다 구슬프게 노래 부르며 시간을 보낸다.

아우니 파나

털로 덮인 몸에 인간의 팔이 돋은 매우 큰 물고기이다. 깊은 강에 살면서, 사람들을 잡아먹기 위해 온갖 종류의 속임수를 쓴다.

공동 주택

야노마미 사람들은 거대한 반지처럼 생긴 커다란 공동 주택에서 살고 있다. 가족들은 각각 집 안에서 저마다의 공간을 갖고, 한가운데에 있는 개방 공간에서 일하거나 의식을 행한다. 앞서 소개한 야노마미 부족의 옛날이야기에 의하면 동물들도 대부분 마을에 거주하며 인간과 똑같은 집에서 살았다고 한다.

라하라

쓰러진 나무 몸통처럼 생긴 거대한 수중 괴물이다. 주로 사람을 잡아먹기 때문에 사람을 통째로 삼킬 수 있을 만큼 몸집이 커질 때까지 자란다. 라하라는 늪지대 주위에 살며, 먹잇감을 찾아 나설 때마다 절대 마르지 않는 깊이 파인 자국이 생긴다.

슬라브 신화

자연의 다양한 모습을 한 존재들과 커다란 참나무

슬라브 세계의 신들은 대부분 머리가 한 개 이상이다. 모양새가 조금 혼란스러울 수 있지만, 이런 모양을 하고 있는 데에는 나름의 이유가 있다. 각각의 얼굴은 저마다 일 년 사계절이나 나침반의 동서남북 등 자연의 여러 모습을 대변했다. 또한 자연의 강력한 힘을 설명하고자 한 방법 가운데 하나이기도 했다.

슬라브 부족은 아주 다양한 사람들로 구성되어 있어서 저마다 세상이 어떻게 생겨났는지에 대해 다른 생각을 가지고 있었다. 일부 사람들은 슬라브 세계가 로드니(일명 : 로드) 신이 창조하기 시작해 그의 아들인 스바로그 신이 마무리했다고 믿었다. 이때 스바로그는 작은 회색 오리의 도움을 받았다. 회색 오리는 아주 힘이 세서 원시 바다의 바닥에서부터 어머니를 상징하는 땅을 바다 위로 끌어올렸다.

무엇보다 슬라브 사람들에게 많은 공감을 얻었던 생각은 우주가 하나의 커다란 나무로 이루어져 있고, 나무의 뿌리와 가지 사이에서 신과 사람 그리고 여러 초자연적인 존재 들이 모두 함께 살고 있다는 주장이었다.

슬라브 세계의 지도

슬라브 신화에 나오는 세계수는 세 개의 지역으로 나뉜 커다란 참나무였다. 나무 꼭대기에는 신들이 살았다. 모든 신들의 우두머리인 페룬은 구성원들을 속속들이 내려다보며 감시했고, 종종 매나 독수리의 모습을 하고 있었다. 나무의 중간 지역에는 인간들이 살았고, 지하 저승 세계가 뿌리 쪽에 자리하고 있었다. 대부분의 신화 속 저승들과는 달리 슬라브 세계의 지하는 훨씬 쾌적한 곳이어서, 너른 초록 평야와 풀을 뜯어 먹는 소들로 가득 차 있었다. 이 한가로운 풍경은 거대한 뱀으로 변해 여기저기 미끄러지듯 슬며시 다니는 벨레스 신 때문에 가끔씩 망가지곤 했다.

어디일까요? 슬라브 사람들은 6세기 무렵 동유럽과 중부 유럽에서부터 퍼지기 시작했다. 그 지역의 대부분을 차지하고 나아가 오늘날의 러시아와 발칸 반도까지 진출했다.

슬라브 세계

수많은 전사, 용, 삼림 지대의 정령 그리고
다리가 달려 있는 마녀의 집을 품은 거대한 참나무

㉒ **스반토비트**
머리가 네 개 달린 모습이며, 사계절과 풍요 그리고 전쟁의 신이다. 머리들이 각각 동서남북을 향하고 있기 때문에 모든 것들을 볼 수 있었다.

⑳ **스바로그**
대장장이들의 왕이자 하늘의 신이다. 자식들이 많고, 신들이 사용할 무기를 만들기 위해 자식들 가운데 다즈보그에게서 불을 가져왔다.

㉑ **마트카 가비아**
집과 난롯불의 수호자이다. 누군가가 자신을 공격하면, 그들의 집에 불을 지를 것이다.

⑱ **트리그라브**
주위와 경계의 신이다. 머리 셋은 각각 위, 중간 그리고 아래의 세계를 동시에 지켜볼 수 있었다. 그러다 보니 종종 꽤나 혼란스러울 수밖에 없었다.

⑲ **스바로지치**
불과 난로의 신으로, 스바로그의 자식들 가운데 하나이다.

⑰ **다즈보그**
태양의 신이자 스바로그의 아들이다. 낮에는 말 세 마리가 끄는 금과 은 그리고 다이아몬드로 이루어진 자신의 전차를 타고 하늘을 달린다. 낮 동안에 점점 나이가 들어 밤 무렵이면 거의 할아버지 같은 모습을 했다. 그러다 아침이 되면 다시 젊은이로 태어난다.

⑯ **벨레스**
지하 저승 세계와 숲과 음악과 마법의 신이다. 때때로 커다란 뱀이나 용의 모습을 할 때도 있다. 페룬과 별로 사이가 좋지 않아서 서로 싸우는 데에 많은 시간을 소모한다.

⑮ **베르스투크**
숲의 왕이자 동물과 자연의 수호자이다. 턱수염이 이끼로 덮여 있기 때문에, 아마도 수염을 다듬을 때 미용사가 아니라 정원사를 찾아갈 것이다.

⑭ **야릴로**
페룬의 아들이자, 봄과 풍요의 신이다. 아기 때 벨레스에게 납치당해 지하 저승 세계로 끌려갔다. 그 뒤로 봄철부터 경작하기 위해 인간 세계로 올라와 모습을 드러내기까지 일 년 가운데 대부분을 저승에서 보낸다.

⑬ **모라나**
야릴로의 누이로 겨울의 여신이자 위대한 전사이다. 조금 기이하지만 매년 야릴로가 지하 저승 세계에서 돌아오면 그와 결혼하며, 그 의식으로 겨울의 끝과 봄의 시작을 알린다.

1 페룬
천둥과 전쟁의 신으로, 염소가 끄는 전차를 타고 도끼를 던지면서 다녔다. 세계수 꼭대기에서 세상을 돌봤다. 슬라브 사람들 대부분은 페룬이 모든 신들의 우두머리였다고 여긴다. 페룬 역시 아마 그렇게 말할 것이다.

2 스트리보그
대기와 하늘의 신이며, 손자들은 바람이다. 거대한 전쟁 뿔피리를 불어서 바람을 조종할 수 있다.

3 마트카 제믈리아
땅에 물과 생명의 기운을 전하는 대지의 여신이다. 어떤 전설에서는 페룬의 아내로 나오기도 한다.

4 라다
사랑과 아름다움의 여신이다. 봄을 일으키는 슬라브 신들 가운데 하나이기도 했다.

5 벨로보그와 체르노보그
두 형제는 각각 빛과 온기의 하얀 신과 어둠과 추위의 검은 신이다. 왼쪽의 빛나는 벨로보그는 봄과 여름을 맡았고, 오른쪽의 어두운 체르노보그는 가을과 겨울을 책임지기 때문에 둘은 절대 같이 나타나지 않는다.

6 레시이
숲을 보호하고 사람들을 골탕 먹이는 정령이다. 자신이 원하는 모습으로 얼마든지 변신할 수 있는데, 특히 턱수염을 길게 기른 남자의 모습을 마음에 들어 한다.

7 로드
로드는 많은 신들의 아버지이자 일부 신화에서는 세계의 창조신으로 등장하기도 한다. 탄생과 인간의 운명 그리고 태어난 모든 생명에 일어날 일들을 결정하는 임무를 맡고 있다.

8 도돌라
비의 여신이며, 구름으로 이루어진 암소의 젖을 짜서 비를 만든다.

9 시마르글
끔찍한 괴물이다. 별로 만든 사슬에 묶여 조리아 여신들의 감시를 받고 있다. 만일 사슬을 끊고 도주해 별들을 파괴한다면 세상이 파멸하기 때문이다.

10 조리아
다즈보그의 두 딸로, 해 질 녘과 새벽녘에 태양이 여행할 수 있도록 하늘의 문을 여닫아 준다. 저녁 별은 조리아 베체르냐, 샛별은 조리아 우트레냐이다.

11 바바 야가
마녀이자, 죽음과 마법의 여신이다. 늙거나 젊은 모습으로 나타나고, 절굿공이를 조종해 절구를 타고 주위를 바쁘게 날아다닌다. 거대한 닭 다리로 걸어 다니는 오두막에서 사람들의 뼈로 만든 울타리에 둘러싸여 산다.

12 볼흐 브세슬라비치
영웅, 기사, 마법사 그리고 변신술사이다. 어떤 동물로든 마음먹은 대로 변신할 수 있다. 자신의 어머니는 공주, 아버지는 마법의 힘을 가진 뱀이다.

⑪ 바바 야가
⑫ 볼호 브세슬라비치

바실리사와 마법 인형
작은 도움이 훗날 복으로 돌아온다

옛날 옛적에 바실리사라는 소녀가 가족과 행복하게 살고 있었다. 어찌나 상냥하고 예쁜지 마을 사람들은 그 소녀를 '아름다운 바실리사'라고 불렀다. 바실리사가 여덟 살이 될 무렵, 어머니가 큰 병을 앓았다. 어머니는 바실리사에게 작은 인형 하나를 주면서, 인형에 마법의 힘이 있다고 일러 주었다. 아울러 먹고 마실 것을 주면서 인형을 잘 보살핀다면 인형이 언제든지 바실리사를 도울 것이라는 말도 남겼다.

그 뒤 얼마 지나지 않아 어머니가 세상을 떠나자, 바실리사는 무척이나 슬퍼했다. 더군다나 아버지가 아주 못된 여자와 결혼을 하고 나서 바실리사에게 고된 나날이 계속되었다. 새어머니와 배다른 자매들은 바실리사에게 밤낮으로 일을 시켰고, 모든 집안일을 맡겼다. 보통 사람 같으면 진즉 탈진해 쓰러졌을 테지만, 마법 인형이 남모르게 도와준 덕분에 바실리사는 용케 버텨 낼 수 있었다.

몇 년의 세월이 흐르는 동안 인형은 바실리사가 새어머니와 자매들의 괴롭힘을 이겨 낼 수 있도록 꾸준히 도와주었다. 바실리사가 일을 잘해 낼수록 새어머니와 자매들은 바실리사를 더욱더 싫어했고, 마침내 그들은 바실리사를 집에서 아예 쫓아내기로 마음먹었다. 때마침 바실리사의 아버지가 일 때문에 몇 달 동안 집을 떠나 있었다. 새어머니는 이때다 싶어, 집 안의 모든 촛불을 껐다. 그러고는 바실리사에게 숲속 마녀인 바바 야가의 집을 찾아가 마녀에게서 불을 얻어 오라고 시켰다. 바실리사는 너무 무서웠다. 바바 야가가 사람을 잡아먹는다는 소문이 자자했기 때문이다. 하지만 인형은 이번에도 아무 일 없을 거라며 바실리사를 다독였다. 그렇게 둘이서 캄캄한 숲을 향해 출발했다.

바실리사는 인형을 품에 꼭 안은 채 밤새도록 길을 걸었다. 동이 틀 무렵이 되어서야 바바 야가의 오두막에 도착했다. 바실리사는 여태껏 자신이 봐 왔던 집 가운데 가장 기이하게 생긴 집이라고 생각했다. 거대한 한 쌍의 닭다리로 서 있는 오두막 한 채가 인간의 뼈로 만든 울타리에 둘러싸여 있었기 때문이다.

열쇠 구멍에는 날카로운 이빨들이 계속 딱딱 소리를 내며 부딪고 있었다.

바실리사는 너무 무서워서 차마 안으로 들어갈 용기가 나지 않아 온종일 문밖에 서 있었다. 이윽고 밤이 되자, 어두운 그림자 하나가 바실리사의 머리 위에 드리워졌다. 바로 날아다니는 절구를 타고 있는 바바 야가였다. 마녀는 바실리사의 손을 잡고 오두막 안으로 냅다 끌고 들어가서는 무엇을 원하는지 말하라고 다그쳤다. 바실리사가 집 안을 밝혀 줄 불이 필요하다고 대답하자, 바바 야가는 자기 집 안의 잡일을 모두 해내야만 불을 얻을 수 있다고 했다.

마녀가 집을 떠나자, 바실리사는 집안일을 시작했다. 언제나 그랬듯 인형도 바실리사가 청소하고 빨래하며 요리할 때 옆에서 도왔다.

해 질 녘이 되자 바바 야가가 다시 돌아왔다. 마녀는 깔끔해진 집 안을 둘러보고는 깜짝 놀라며, 어떻게 하루 만에 그 많은 일들을 해냈는지 궁금해했다. 하지만 바실리사는 마법 인형에 대해 알려 주고 싶지 않아서 돌아가신 어머니가 물려주신 축복 덕분이라고만 대답했다. 마녀는 그 말에 버럭 화를 냈다. 축복을 받은 이는 누구라도 자신의 집에 들어오면 안 되기 때문이었다. 결국 마녀는 바실리사에게 뜨거운 석탄이 가득 든 해골바가지를 내주고는, 곧바로 자기 집에서 내쫓아 버렸다.

집으로 돌아온 바실리사는 새어머니와 자매들에게 이글거리는 해골바가지를 건넸다. 그러자 못된 모녀들이 해골을 만지자마자 바로 불에 타올라, 하얀 재로 변해 버렸다. 훨훨 타는 석탄으로 가득 채워진 해골바가지는 바실리사에게 다른 이웃들을 다치지 않게 하려면 자신을 어떻게 땅속에 묻어야 하는지 가르쳐 주었다.

시간이 흐른 뒤, 어떤 젊은 남자가 바실리사의 집을 찾아왔다. 젊은이는 예전부터 바실리사를 눈여겨보아 오다 용기를 내어 사랑한다고 고백하며 자신과 결혼해 달라고 했다. 바실리사 역시 그가 마음에 들었기 때문에 청혼을 받아들였다. 젊은이는 러시아의 황제인 차르였다. 바실리사는 자신의 아버지 그리고 인형과 함께 황제의 아름다운 궁전으로 가서 살게 되었다. 그 궁전의 성벽에는 마녀의 오두막처럼 해골 울타리도 없었고, 날카로운 이빨이 부딪는 열쇠 구멍 같은 것도 전혀 보이지 않았다.

세계 신화 이모저모

위대한 영웅 볼흐 브세슬라비치는 변신의 귀재였기 때문에 한때 그 능력으로 왕국 전체를 정복하려고 했다. 이웃 나라 왕이 자신의 땅을 침략하려 하자, 볼흐는 군대를 끌어모은 뒤 선제공격을 가하기 위해 적국으로 행진했다. 그러면서 매번 다른 동물로 변신해 군대에 필요한 음식을 사냥했다. 소나 양 또는 돼지고기 등 살이 붉은 짐승을 잡을 때는 늑대로 변했고, 새고기가 먹고 싶을 때는 매가 되곤 했다.

볼흐 브세슬라비치의 군대가 공격할 도시는 단단한 성벽으로 둘러싸여 있었다. 그러자 볼흐는 자신의 군인들을 모두 개미로 둔갑시켜 벽에 난 틈을 통과해 차례차례 도시 안으로 기어 들어가게 했다. 그리고 군대가 모두 이동한 뒤 볼흐는 개미들을 다시 군인으로 돌려놓았다. 덕분에 손쉽게 적국의 왕을 물리치고 땅을 차지했다.

슬라브
상상 속 동식물과 문화유산

12 볼흐
브세슬라비치

뱀파이어

많은 전설에 죽어도 완전히 죽지 않거나 피를 마시는 괴물들이 나오곤 한다. 그 가운데 오늘날 영화나 책에 종종 등장하는 뱀파이어와 슬라브 신화의 뱀파이어가 가장 많이 비슷하다. 슬라브 신화에 등장하는 뱀파이어들은 끔찍한 삶을 살았던 사람이 죽어서 산 사람의 피를 빨아먹고, 마늘을 아주 싫어한다.

늑대 인간

늑대 인간 역시 슬라브 신화에 흔히 등장한다. 늑대 인간은 볼흐처럼 원하면 종종 늑대로 변신할 수 있거나 보름달이 뜰 때마다 어쩔 수 없이 늑대로 변해야 하는 저주에 걸린 사람이기도 했다. 어느 쪽이 되었든, 늑대 인간을 만날 상황에 대비해 밤에 외출할 때는 스테이크나 소시지 몇 점을 준비해 두는 것도 좋을 것이다.

빌라

숲과 산의 정령으로, 아름답고 젊은 여성의 모습을 하고 있다. 기분 변화가 심한 편이어서 숲에서 길을 잃은 사람들에게 매우 친절하게 대하다가도 가끔은 지독하다 싶을 만큼 못되게 굴기도 한다. 목소리에 힘이 넘쳐서, 노래할 때면 강한 바람을 일으킨다.

도모보이

집을 지키는 정령으로, 온몸이 털로 뒤덮인 조그마한 사람의 모습을 하고 있다. 모든 가정에서 음식을 할 땐 도모보이 몫까지 넉넉히 준비해 두는 것이 좋다. 도모보이가 음식을 챙겨 준 가족에 감사하면서 앞으로 그 집에는 어떠한 나쁜 일도 일어나지 않게 도와줄 것이기 때문이다.

아즈텍 신화

불, 홍수, 재규어 그리고 진정 배고픈 신들

아즈텍 사람들은 세상이 파괴되었다가 매번 새로운 태양신과 함께 다시 생겨나며, 그런 과정이 끝없이 반복된다고 믿었다. 이처럼 세상이 매번 멸망할 때마다 엄청난 홍수나 불비를 퍼붓는 등 상상을 초월할 정도로 끔찍한 일들이 일어났다. 그 가운데에는 재규어들이 세계를 통째로 잡아먹는다는 이야기도 있다.

그들은 이러한 과정을 거쳐 세상이 벌써 네 번이나 파괴와 창조의 순환을 겪고, 다섯 번째 태양의 시대를 맞이했다고 여겼다. 당시 아즈텍 사람들은 자신들이 살고 있는 그 세상이 바로 세계의 마지막일 것이라고 생각했다. 즉, 다섯 번째 시대가 멸망하고 나서는 세계가 절대 다시는 탄생하지 않을 것이라고 믿어 의심치 않았다.

어느 시기에 모든 세상이 완전히 사라져 버릴 것이라고 생각하면 누구라도 견딜 수 없이 슬플 것이다. 그래서 아즈텍 사람들은 그 무시무시한 날을 미루기 위해 최선을 다했다. 자신을 믿는 신을 달래고 정성을 드리면서 다섯 번째 태양이 아즈텍 세계를 오래도록 지켜 주기를 바랐다. 그 가운데 가장 극단적인 방법은 사람을 죽여 그 피를 신들에게 올리는 등 살아 있는 인간을 제물로 바치는 일이었다. 신들이 자신에게 바친 인간 제물을 마음에 들어 했을지는 알 수 없는 일이다. 어쩌면 신들은 사람의 피보다 맛있는 샌드위치나 샐러드를 더 좋아했을 수도 있으니까.

아즈텍 세계의 지도

아즈텍 사람들은 세상이 동서남북 네 부분으로 쪼개져 있고, 신들이 각자 동서남북 가운데 하나씩을 맡아 다스리고 있다고 여겼다. 세상의 맨 아래에는 믹크틀란이라 불리는 아홉 개의 지하 저승 세계가 있다. 휘몰아치는 바람과 검은 산 그리고 괴물로 가득 찬 지옥이다. 반대로 위쪽으로 거슬러 올라가면 13개의 천국 또는 토판이라는 사후 세계가 있다. 그곳에는 남쪽 별 400의 신들과 북쪽 별 400의 신들이 살고 있다.

어디일까요? 아즈텍 사람들은 수백 년 전, 중앙아메리카 주변에 살았던 여러 부족들로 이루어져 있다. 13~14세기에 걸쳐 스스로를 멕시카라고 불렀던 아즈텍 사람들이 오늘날의 멕시코 지역에 정착해 살게 되었다.

아즈텍 세계

수중 사원, 깃털 난 뱀, 수많은 지옥 그리고 드넓은 하늘과 극락을 품은 아즈텍 신들에 관한 세계 지도

1 오메테오틀
남성과 여성의 모습을 모두 아우르는 양성의 신이다. 두 가지 주체에서 수많은 신들이 탄생했다. 그들은 가장 높은 하늘에 머무르며, 아래에 사는 신이나 사람의 일에는 관여하지 않는다.

2 센트손미믹스코아
북쪽 별 400의 신들로, 남쪽 별들과 쉬임없이 싸우는 구름 뱀들의 집단이다.

3 토나티우
재물의 피를 마시고 그 대가로 전사들을 용감하게 해주는 사나운 태양신이다. 원래 나나우아친이라고 불리다가 불 속으로 뛰어들어 스스로를 제물로 바쳤다. 그리고는 태양으로 변해 토나티우라는 새로운 이름을 갖게 되었다.

4 믹스코아틀
죽고 나서 사냥과 은하수의 신이 된 훌륭한 영웅이자 북쪽 지도자이다. 믹스코아틀이라는 이름은 '구름 뱀'을 의미한다. 이즈텍 사람들이 밤하늘의 은하수를 보고 떠올렸다고 한다.

22 센트손우이츠나우아크
남쪽 별 400의 신들이다. 아기인 우이칠로포츠틀리를 죽이려고 했던 사악한 전사 형제들이다.

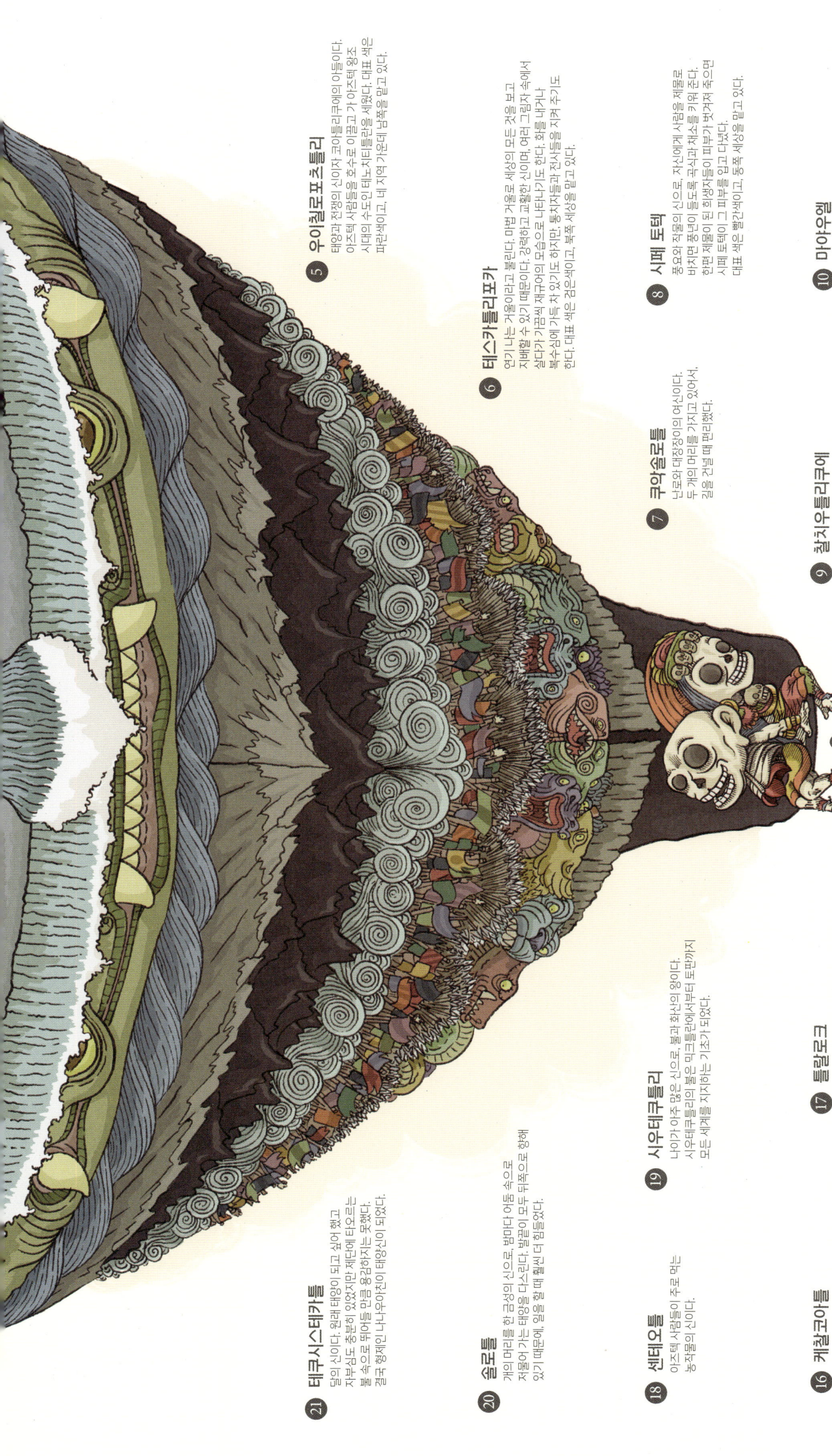

5 우이칠로포츠틀리

태양자 전쟁의 신이자 코아틀리쿠에의 아들이다. 아즈텍 사람들을 호수로 이끌고 가 아즈텍 왕조 시대의 수도인 테노치티틀란을 세웠다. 대표 색은 파란색이고, 네 지역 가운데 남쪽을 맡고 있다.

6 테스카틀리포카

연기 나는 거울이라고 불린다. 매직 거울로 세상 모든 것을 지배할 수 있기 때문이다. 강력하고 교활한 신이며, 여러 가지 속에서 설마가 기품에 재규어의 모습으로 나타나기도 한다. 죽음 나내거나 복수심에 가득 차 있기도 하지만, 동자들과 전사들을 지켜 주기도 한다. 대표 색은 검은색이고, 북쪽 세상을 맡고 있다.

7 쿠아슬로틀

날로와 대장장이의 여신이다. 두 개의 머리를 가지고 있어서, 길을 건널 때 만든다.

8 시패 토텍

풍요와 작물의 신으로, 자신에게 사람들 제물로 바치면 풍년이 들도록 녹시와 채소를 키워 준다. 한편 제물이 된 희생자들의 피부를 벗겨져 죽으면 시패 토텍이 그 피부를 입고 다녔다. 대표 색은 빨간색이고, 동쪽 세상을 맡고 있다.

9 찰치우틀리쿠에

물과 중산의 여신으로, 옥으로 만든 치마를 입는다. 틀랄로크의 남매 사이이다. 아즈텍 문명이 네 번째 태양이었지만 너무 많이 울어서 세상이 끝나 버렸다.

10 마야우엘

용설란의 여신이다. 이주쪽 사람들이 가장 좋아했던 음설란 술을 만드는데 사용되는 식물이다.

11 파테카틀

위의 신이자 용설란 즙을 흡연해서 '취한'것 같이 만든 했다. 많은 이들이 술에 생각하는 것보다 훨씬 듣 일어났다. 아내 마야우엘 사이에서 토끼 무리를 놓았고, 늘 취해서 소리를 만드는 토끼들에 둘러싸여 있다.

12 센토손토토치틴

하루 중일 술에 먹었는 것 외에 아무것도 하지 않았던 400마리 주정은 훨씬 속에서 술, 취한 숨으론이 그러하듯 재미없는 농담을 주고받는다.

13 믹틀란테쿠틀리와 믹테카시우아틀

죽은 자들의 왕과 왕비로, 믹틀란의 지하 저승 세계 왕국을 통치했다. 믹틀란테쿠틀리는 어두캄캄하도 주변을 확 보 있다. 영원한 어둠 속에서 살기 때문이라 한 능력을 매우 유용했다. 믹테카시우아틀은 죽은 자들의 뼈를 지키는 일을 맡는다.

14 코아틀리쿠에

땅과 탄생의 여신이자 뱀 부인으로, 우이칠로포츠틀리를 비롯한 많은 신들의 어머니이다. 사람을 위해 죽어 주는 함시 화로 보인다. 그를 암신하는 자들에 의해 당두하여 그 모습을 무엇던 못된 무리들이다.

15 소치필리와 소치케찰

꽃, 여름, 사랑 그리고 비옥한 땅의 신들인 남매 사이이다.

16 케찰코아틀

깃털이 달린 뱀이 신이다. 게에한 날개가 달린 깃털을 가지고 있다. 다양한 형태로 변신할 수 있다. 바람이 많아 신벌한 이른의 창조자이다. 코아틀리쿠에의 서쪽 세상을 맡고 있다.

17 틀랄로크

농작물에 생명과 양분을 주는 비, 동수와 폭풍을 일삼도 하는 비의 신이다. 그가 다스는 틀랄로칸은 천국, 강을 맞먹한 신그러운 생명체로 가득한 식물들이 누울이다.

18 센테오틀

아즈텍 사람들이 주로 먹는 농작물인 옥수수의 신이다.

19 시우테쿠틀리

나이가 아주 많은 신으로, 불과 화산의 왕이다. 아즈테카틀란의 불은 믹틀란에서부터 토반까지 모든 세계를 지탱하는 기둥이 되었다.

20 솔로틀

개의 머리를 한 금성의 신이다. 발이 안쪽 되어 있다. 자물이 가는 태양을 따른다. 발끝이 모두 뒤쪽으로 향해 있기 때문에, 일을 할 때 훨씬 더 힘들었다.

21 테쿠시스테카틀

달이 신이다. 원래 태양이 되고 살았고 자부심도 종분히 있었지만 재단에 티오르는 불속으로 뛰어들 용기까지는 없었다. 결국 형제인 나나우아친이 태양이 되었다.

태양의 시대
제1~5차 태양의 탄생과 멸망

1. 오메테오틀
3. 토나티우
5. 우이칠로포츠틀리
6. 테스카틀리포카
8. 시페 토텍
9. 찰치우틀리쿠에
16. 케찰코아틀
17. 틀랄로크
21. 테쿠시스테카틀

아즈텍 사람들은 자신들이 총 네 번의 시대가 멸망하고 마지막 다섯 번째 시대에 살고 있다고 믿었다. 세상은 매번 각 시대의 마지막에 이르러 멸망했고, 그다음 완전히 새로운 형태로 창조되어 왔다. 땅과 식물, 강과 산 그리고 동물과 사람 등 생명체라고는 아무것도 없는 맨 처음의 상태에서 다시금 탄생해야 했다.
각 시대의 탄생에 따라 태양 역시 다시 태어났고, 그때마다 새로운 신이 나타나 태양을 다스렸다.

첫 번째 태양의 시대 ↔ 재앙 : 재규어

아무것도 존재하지 않았던 오랜 시간이 지난 뒤, 양성의 신 오메테오틀은 남자와 여자 두 가지 성별을 모두 가진 자신을 스스로 창조했다. 그리고 오메테오틀의 네 아들 테스카틀리포카, 케찰코아틀, 우이칠로포츠틀리 그리고 시페 토텍은 세계를 창조하고 갖가지 동물들을 탄생시켰다. 또한 거인 종족도 만들었다.

테스카틀리포카는 태양신이 되었지만, 태양의 역할을 맡아 해내는 데에는 그리 재주가 없어서 세상에 빛을 거의 주지 못했다. 이에 케찰코아틀이 하늘에서 내려와 도전장을 던지자 테스카틀리포카는 자신의 재규어들을 풀어 앙갚음했다. 재규어들은 세상의 모든 것을 죽였고, 첫 번째 태양의 시대는 그렇게 끝이 났다.

두 번째 태양의 시대 ↔ 재앙 : 바람

신들은 거인 대신 보통의 사람들로 하여금 두 번째 태양의 시대를 다시 만들어 세웠다. 그리고 케찰코아틀이 태양신이 되었다. 처음에는 세상의 모든 일들이 문제없이 잘 돌아갔다. 하지만 시간이 지나면서 사람들은 점점 게으르고 무례해졌다. 테스카틀리포카는 제멋대로 구는 사람들을 원숭이로 바꿔 버렸고, 이 일로 케찰코아틀은 엄청 화가 났다. 결국 케찰코아틀은 무시무시한 바람을 일으켜 세상의 모든 것을 지구 밖으로 날려 버렸다.

세 번째 태양의 시대 ↔ 재앙 : 불비

케찰코아틀이 세 번째 태양의 시대에서 새로운 사람들을 창조하는 동안, 틀랄로크는 하늘로 올라가 태양신이 되었다. 테스카틀리포카가 이 틈을 타 틀랄로크의 아내를 훔쳐 가고 말았다. 틀랄로크는 너무 슬픈 나머지 세상을 돌보지 않고 내버려 두었다. 그러자 세상의 모든 것이 점점 말라 죽기 시작했다. 사람들은 틀랄로크에게 비를 달라고 기도했지만, 오히려 틀랄로크를 더욱 화나게 할 뿐이었다. 결국 틀랄로크는 불비를 내렸고, 온 세상이 불에 타 모두 재가 되어 버렸다.

네 번째 태양의 시대 ⟷ 재앙 : 홍수

네 번째 태양의 시대에는 틀랄로크의 누이인 찰치우틀리쿠에가 태양신이 되었다. 찰치우틀리쿠에는 모두에게 친절했지만, 테스카틀리포카와는 사이가 좋지 않았다. 찰치우틀리쿠에는 테스카틀리포카가 무례하기 짝이 없는 데다 너무나 못되게 굴어서 홍수가 날 만큼 펑펑 울었다. 찰치우틀리쿠에가 무려 50년이 넘도록 울어 대는 바람에 온 세상이 물에 잠겨서 멸망해 버렸다.

다섯 번째 태양의 시대 ⟷ 재앙 : 지진

다섯 번째 태양의 시대는 아즈텍 사람들이 현재 자신들이 살고 있다고 여기는 시대이다.

아즈텍 신들은 제단의 커다란 성화에 뛰어들어 태양신이 되겠다고 할 인물이 필요했다. 하지만 어느 누구도 불 속으로 뛰어들려 하지 않았다. 힘이 세고 오만한 테쿠시스테카틀이 앞으로 나섰지만 불길 바로 앞에서 덜컥 겁을 내며 멈칫했다. 그때 갑자기 허약한 나나우아친이 쌍둥이 형제인 테쿠시스테카틀을 대신해 불 속으로 뛰어들었다. 그렇게 나나우아친은 태양신이 되어, 토나티우라고 불리게 되었다. 자신의 쌍둥이 형제가 세상의 모든 힘을 소유하자 테쿠시스테카틀 역시 뒤늦게 불 속으로 뛰어들어 또 다른 태양이 되었다.

신들은 테쿠시스테카틀에게 매우 화가 났다. 누구도 두 개의 태양이 뜨는 걸 원하지 않았기 때문이다. 신들은 가까이에 있던 거대한 토끼를 집어 그에게 던졌다. 그러자 테쿠시스테카틀은 달로 변했고 빛이 반으로 줄면서 어두워졌다.

한편 케찰코아틀은 홍수로 죽었던 사람들의 뼈를 찾으러 믹크틀란의 지하 저승 세계로 내려갔다. 그러고는 인간들을 다시 살려 땅 위에서 살도록 했다.

그 뒤로 아즈텍 사람들은 토나티우에게 사람을 제물로 바쳤고 토나티우는 그 제물의 피를 마시고 더는 심술을 부리지 않았다. 다시 한번 세상을 멸망시킬 엄청난 지진을 일으키지 않은 것이다. 이것이 바로 오늘날까지 이어지는 다섯 번째 태양의 시대이다.

세계 신화 이모저모

고대 아즈텍 멕시카 사람들은 새로운 도시를 건설하기 위해 특별한 표시를 찾아 오랫동안 중앙아메리카를 헤매고 다녔다. 마침내 그들은 호수 한가운데 우뚝 서 있는 선인장 위에 내려앉아 뱀을 잡아먹고 있는 독수리의 모습을 발견했다. 사람들은 그곳에 아름다운 사원 템플로 마요르와 함께 거대한 도시인 테노치티틀란을 건설했다. 그 유적은 오늘날 멕시코의 수도인 멕시코시티 주 광장에 있다.

아즈텍
상상 속 동식물과 문화유산

초콜릿

아즈텍 사람들은 세계 최초로 카카오 콩을 발견했다. 그들은 카카오가 케찰코아틀이 인류에게 준 선물이라 생각했고, 때로는 화폐로 사용할 만큼 소중히 여겼다. 초콜릿이라는 단어는 아즈텍의 카카오 음료인 '초콜라틀 chocolatl'에서 유래했다. 당시에는 카카오 콩을 달게 먹지 않고, 으깬 다음 옥수수와 향신료를 함께 섞어 씁쓸하게 먹었다.

아우이소틀

강 가까이에 사는 작은 동물로 반은 원숭이, 반은 개의 모습을 하고 있다. 온몸에 윤기가 잘잘 흐르는 검은색 털이 덮여 있고 다리에 발이 아닌 손을 가지고 있으며, 꼬리 끝에도 손이 하나 더 달려 있다. 아우이소틀은 꽤 귀여운 강아지처럼 보일 수도 있지만 그 손들로 사람을 잡아끌어 물에 빠뜨린 뒤 잡아먹는다.

촘판틀리

제물로 바쳐진 희생자들의 두개골이 걸려 있는 제단이다. 템플로 마요르 사원의 신전에는 수천 개의 두개골들이 보관된 거대한 촘판틀리가 있다. 당시 그 광경을 지켜봤던 사람들은 무척 인상 깊었을 것이다. 물론 등골이 오싹오싹하기도 했겠지만!

마쿠아우이틀

아즈텍을 대표하는 무기로, 흑요석을 다듬어 칼날에 촘촘히 박은 기다란 나무 검이다. 아즈텍 전사들은 기이한 깃털로 덮인 갑옷에, 마쿠아우이틀 검과 방패를 들고 전투에 나갔다.

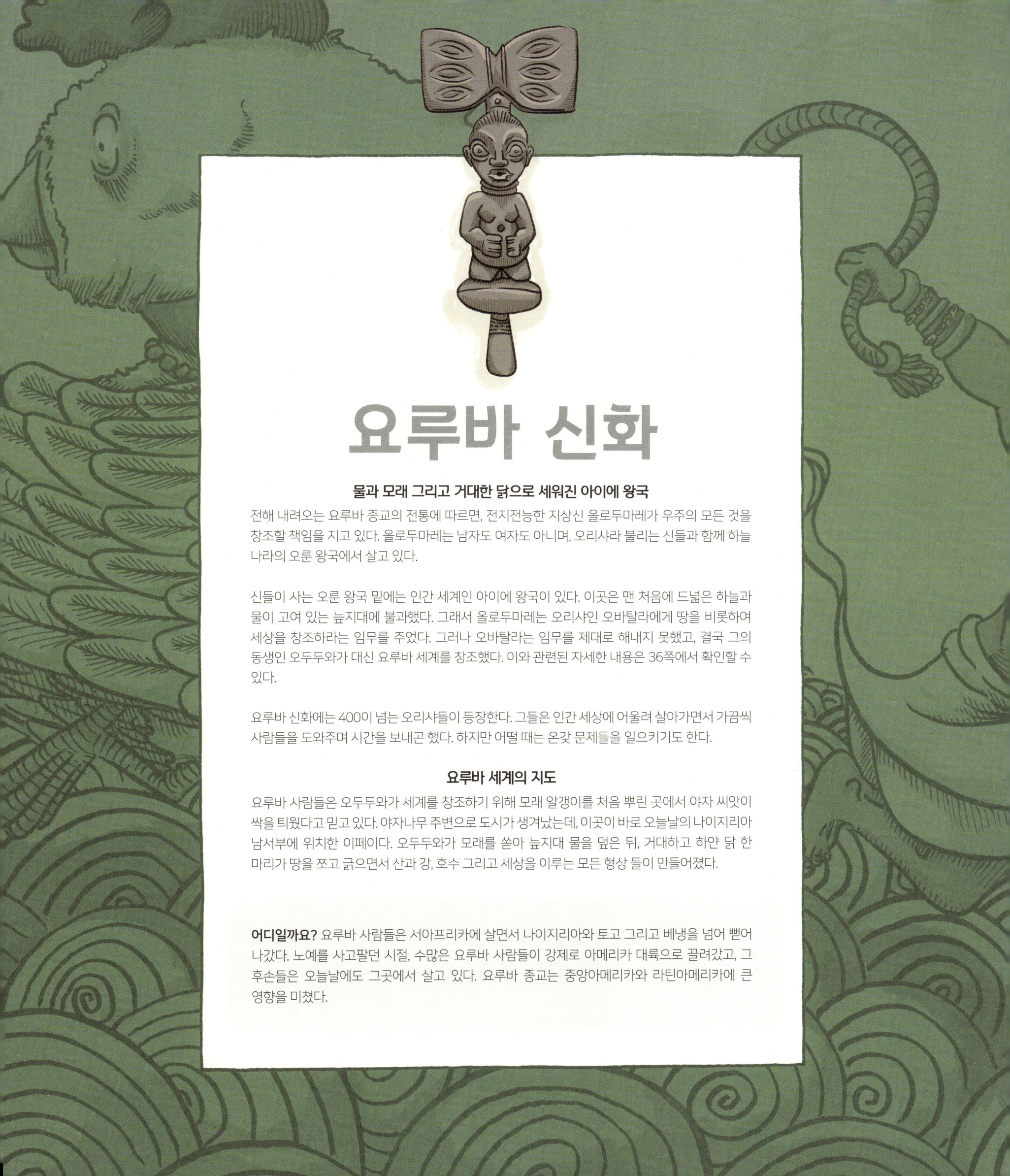

요루바 신화

물과 모래 그리고 거대한 닭으로 세워진 아이에 왕국

전해 내려오는 요루바 종교의 전통에 따르면, 전지전능한 지상신 올로두마레가 우주의 모든 것을 창조할 책임을 지고 있다. 올로두마레는 남자도 여자도 아니며, 오리샤라 불리는 신들과 함께 하늘나라의 오룬 왕국에서 살고 있다.

신들이 사는 오룬 왕국 밑에는 인간 세계인 아이에 왕국이 있다. 이곳은 맨 처음에 드넓은 하늘과 물이 고여 있는 늪지대에 불과했다. 그래서 올로두마레는 오리샤인 오바탈라에게 땅을 비롯하여 세상을 창조하라는 임무를 주었다. 그러나 오바탈라는 임무를 제대로 해내지 못했고, 결국 그의 동생인 오두두와가 대신 요루바 세계를 창조했다. 이와 관련된 자세한 내용은 36쪽에서 확인할 수 있다.

요루바 신화에는 400이 넘는 오리샤들이 등장한다. 그들은 인간 세상에 어울려 살아가면서 가끔씩 사람들을 도와주며 시간을 보내곤 했다. 하지만 어떨 때는 온갖 문제들을 일으키기도 한다.

요루바 세계의 지도

요루바 사람들은 오두두와가 세계를 창조하기 위해 모래 알갱이를 처음 뿌린 곳에서 야자 씨앗이 싹을 틔웠다고 믿고 있다. 야자나무 주변으로 도시가 생겨났는데, 이곳이 바로 오늘날의 나이지리아 남서부에 위치한 이페이다. 오두두와가 모래를 쏟아 늪지대 물을 덮은 뒤, 거대하고 하얀 닭 한 마리가 땅을 쪼고 긁으면서 산과 강, 호수 그리고 세상을 이루는 모든 형상 들이 만들어졌다.

어디일까요? 요루바 사람들은 서아프리카에 살면서 나이지리아와 토고 그리고 베냉을 넘어 뻗어 나갔다. 노예를 사고팔던 시절, 수많은 요루바 사람들이 강제로 아메리카 대륙으로 끌려갔고, 그 후손들은 오늘날에도 그곳에서 살고 있다. 요루바 종교는 중앙아메리카와 라틴아메리카에 큰 영향을 미쳤다.

요루바 세계

성스러운 도시 이페와 강과 숲, 산과 화산 그리고
수많은 오리샤들이 살고 있는 인간 세상인 아이에의 지도

24 오바탈라
모든 오리샤 가운데 가장 오래된 신으로,
인간을 창조했다. 술에 취한 나머지
세계를 창조할 시기를 놓쳐 버린 때만 빼면
평화롭고 지혜로운 신이다.

23 오두두와
오바탈라의 남동생이다. 세계를 창조하고,
도시 이페의 첫 번째 왕이 되었다. 하지만 그 일로
오바탈라와 사이가 벌어져, 그 뒤로 끝없이 서로
다투고 싸우면서 지낸다.

20 오군
대장간의 오리샤이다. 인류에 철을 널리 전하고, 많은
도구와 무기 들을 창조했다. 종종 혼자서 군대 전체를
물리치기도 하는 위대한 전사이다.

21 쌍둥이 이베지
오야의 쌍둥이 자식이지만, 오슌이
길렀다. 대개의 아이들이 그렇듯
장난기가 심해서, 한번은 집에
불을 낸 적도 있다. 세상에!

22 오슈마레
움직임과 무지개의 오리샤이다.
청동 칼로 비를 얇게 썰어 무지개를 만들 수
있다고 한다. 우리도 무지개 만드는 법을
배울 수 있다면 좋을 텐데….

19 오소시
위대한 사냥꾼으로 도시 이페를 공포에 떨게 한 거대한
마법의 새를 없애 버렸다. 다른 사냥꾼들은 그 새를 사냥하지
못했지만 오소시는 단 한 발의 화살을 쏴 새를 죽였다. 당시
그가 얼마나 의기양양했을지 충분히 상상할 수 있다.

18 오사인
약과 아세의 오리샤이다. 아세는 신과 인간 모두에게
힘을 주는 삶의 에너지를 뜻한다. 훌륭한 정원사로
각종 치료와 의식에 쓰이는 나뭇잎과 약초를 재배한다.

17 이야미 마녀들
올로두마레의 길잡이이자, 엄청난 힘을 가진
아주 오래된 마녀들이다. 새, 특히 회색 앵무새나
독수리 그리고 올빼미로 변신할 수 있다.

16 예모자
어머니와 모든 강과 바다의 여신이다.
많은 오리샤들의 어머니로, 임신한
여성들을 보호한다.

어떻게 세상이 탄생했을까
잠깐 잠든 사이에 도대체 무슨 일이?

사람과 동물 들이 생겨나기 이전에, 지상신 올로두마레는 여러 오리샤들과 함께 오룬 왕국에 살았다. 오룬 왕국 아래에는 또 다른 왕국 아이에가 있었다. 그곳에는 하늘과 물이 고여 있는 늪지대 말고는 아무것도 없었고, 어떤 생명체도 살고 있지 않았다. 아마 너무 지루하고 습했기 때문이리라.

올로두마레는 땅을 일구고 나무를 심은 다음 몇몇 동물들을 살게 하면서 아이에를 더욱 살기 좋은 곳으로 만들어야겠다고 생각했다. 그래서 오리샤 가운데 가장 나이가 많고 현명한 오바탈라를 불러 인간 세상을 만들어 달라고 부탁했다. 올로두마레는 오바탈라에게 거대한 황금 사슬과 모래로 채워진 바다 고둥 그리고 야자나무 씨앗 몇 개와 거대하고 하얀 닭 등 마법이 깃든 보물들을 내주었다.

오바탈라는 인간 세상을 처음으로 만드는 일에 선택되었다는 사실이 무척이나 자랑스러웠다. 그래서 일을 서둘러 시작하려고 발길을 재촉하다가 우연히 다른 오리샤들이 벌이고 있는 잔치 앞을 지나가게 되었다. 오바탈라는 한잔 마시고 가는 오리샤들의 청을 거절할 수가 없었다. 어쨌든 세상을 새로 만드는 일은 분명 고된 작업일 테니까. 그는 목만 축이려고 했지만 어느새 야자수 와인을 너무 많이 마시는 바람에 취해 잠들고 말았다.

오바탈라의 남동생인 오두두와도 잔치에 와 있었다. 오두두와는 올로두마레가 준 보물들을 곁에 둔 채 드러누워 잠들어 있는 형을 발견했다. 오바탈라만큼이나 자신도 인간 세상을 세우는 일에 자신이 있었다. 그래서 오두두와는 보물들을 모두 챙겨 들고 아이에를 향해 길을 떠났다.

오두두와는 하늘에서 내려온 황금 사슬에 매달려, 바다 고둥 안에 든 모래를 늪지대에다 쏟았다. 모래가 자리를 잡으면서 땅이 모습을 드러냈다. 땅이 충분히 다져지자 이윽고 거대하고 하얀 마법의 닭을 풀어 주었다. 닭이 모래를 쪼고 긁어서 깊은 홈을 파자, 땅에 이내 계곡과 강 그리고 호수 들이 생겼다. 또 모래 한 무더기를 던지니 바로 땅에 떨어져 산이 되었다. 그런 다음 야자나무 씨앗을 첫 모래알이 떨어진 지점에 떨어뜨렸다. 그러자 커다란 야자나무가 쑥쑥 자랐고, 그 주변으로 신성한 도시이자 요루바 세계의 중심지인 이페가 세워졌다.

1 올로두마레
23 오두두와
24 오바탈라

에슈의 복수
반드시 신 앞에 제물을 올려라

인간은 정기적으로 오리샤들에게 선물 또는 제물을 바쳐야 하고, 이것을 어기는 사람에게는 불행이 닥친다. 에슈 신 앞에 제물 바치는 것을 까먹은 농부들처럼 말이다.

두 농부는 이웃이자 서로에게 가장 친한 친구였다. 주로 수다를 떨거나, 마주 보는 왼쪽과 오른쪽 밭에서 함께 일하며 시간을 보냈다. 그러다 한번은 에슈 신 앞에 제물 바치는 일을 그만 둘 다 깜빡 잊어버렸다. 이렇게 중요한 일을 잊다니, 아주 큰 실수였다.

에슈 신은 매우 화가 나 두 농부에게 따끔한 교훈을 주기로 결심했다. 그래서 왼쪽은 하얗고 오른쪽은 빨간, 끝이 뾰족한 모자를 쓴 모습으로 농부들의 밭에 걸어 내려왔다. 그러고는 두 농부들 사이에 멈춰 서서, 좋은 하루를 보내라고 인사를 건네고는 자리를 떴다.

왼쪽에 있던 농부는 흰 모자를 쓴 나그네가 정말 다정한 것 같다고 이야기했다. 하지만 오른쪽에 있던 농부는 나그네가 다정한 건 맞지만, 빨간 모자를 쓰고 있었다고 바로잡았다. 그러자 왼쪽 밭의 농부는 자신을 거짓말쟁이로 몰고 있다며 친구에게 따져 물었다.

두 농부는 여태껏 단 한 번도 다툰 적이 없었지만 모자 때문에 점점 격렬하게 말다툼하다가 나중에는 주먹질까지 주고받으며 크게 싸움을 벌이게 되었다. 그리고 두 사람 모두 기운이 빠져 땅바닥에 쓰러지고 나서야 싸움이 끝났다.

두 농부는 에슈에게 제대로 혼이 난 뒤에야 모자를 가지고 벌인 말싸움이 얼마나 끔찍했는지를 깨달았다. 그리고 앞으로 신 앞에 제물 바치는 일을 절대 잊으면 안 되겠다고 다짐했다.

세계 신화 이모저모

오바탈라는 잔뜩 술에 취해 낮잠을 자다가 마침내 잠에서 깨어났다. 정신을 차리고 나니 무척 창피하기도 했지만 무엇보다 인간 세상을 처음으로 만드는 자신의 일을 가로챈 동생 오두두와에게 매우 화가 났다. 오바탈라는 지상신인 올로두마레를 찾아가 용서를 빌었고, 다행히 올로두마레가 오바탈라를 불쌍히 여겨 세상 대신 사람을 창조해 땅에 살게 하라고 일렀다. 오바탈라는 실수를 만회할 기회를 얻자 진흙으로 수천 명의 인간들을 빚어냈고, 올로두마레가 그 인간들에게 생명을 불어넣었다. 한편 오바탈라와 오두두와가 화해하기까지는 아주 오랜 시간이 걸렸다. 두 형제는 꽤 오랫동안 서로 만나기만 하면 악다구니하며 싸움을 벌이곤 했다.

요루바
상상 속 동식물과 문화유산

이로코 나무

매우 커다랗고 단단한 나무로, 노인의 모습을 한 정령들이 사는 곳이다. 밤이 되면 정령들이 나무 밖으로 나와 숲을 떠돌아다닌다. 만약 숲을 거닐던 누군가가 이들 가운데 하나라도 발견하는 날엔, 미쳐 버린다는 이야기가 전해진다. 또한 이로코 나무를 함부로 베는 건 끔찍한 불운을 가져온다고 한다. 그 나무로 만들어진 물건에서 신음 소리나 끙끙거리며 앓는 소리가 나기 때문이다.

오시에

샹고의 강력한 양날 도끼이다. 천둥과 번개를 퍼부을 수 있으며, 샹고가 바위에 오시에를 내려쳐서 만들어 낸 불꽃으로 군대 전체를 활활 태워 버린 적도 있다. 또 모두가 천하무적이라 여겼던 황소를 오시에로 내리쳐 단번에 죽인 일도 있다.

이카키

매우 위험한 물의 정령들로, 천진난만한 작은 거북의 모습을 하고 있다. 춤추는 것을 좋아해서 악마가 부르듯 걸음을 옮기며 사람을 유인한 다음 덫에 가둬 죽인다. 이제껏 누구도 이 죽음의 춤에서 살아남지 못했기 때문에, 앞으로도 이카키가 로큰롤을 좋아하는지 아니면 디스코 음악을 더 좋아하는지 절대 알 수 없을 것이다.

에그베레

숲에 사는 정령으로, 마법의 돗자리를 가지고 다니는 아주 작은 남자의 모습을 하고 있다. 돗자리는 자신의 주인을 어마어마한 부자로 만들어 준다. 만약 누군가가 용기 내어 돗자리를 훔치는 날엔 에그베레가 쫓아가 밤새도록 범인의 집 앞에서 시끄럽게 울부짖을 것이다. 돗자리를 훔친 자는 몇 주 동안 통곡 소리를 견뎌 내야 한다. 남의 물건을 훔치는 짓은 도덕심 따윈 잘 모르는 숲속 정령의 생각에도 옳지 않기 때문이다. 그렇게 몇 주를 견디고 나면 에그베레는 사라지고, 돗자리는 마침내 자기 주인을 백만장자로 만들어 주기 위해 마법을 부리기 시작한다.

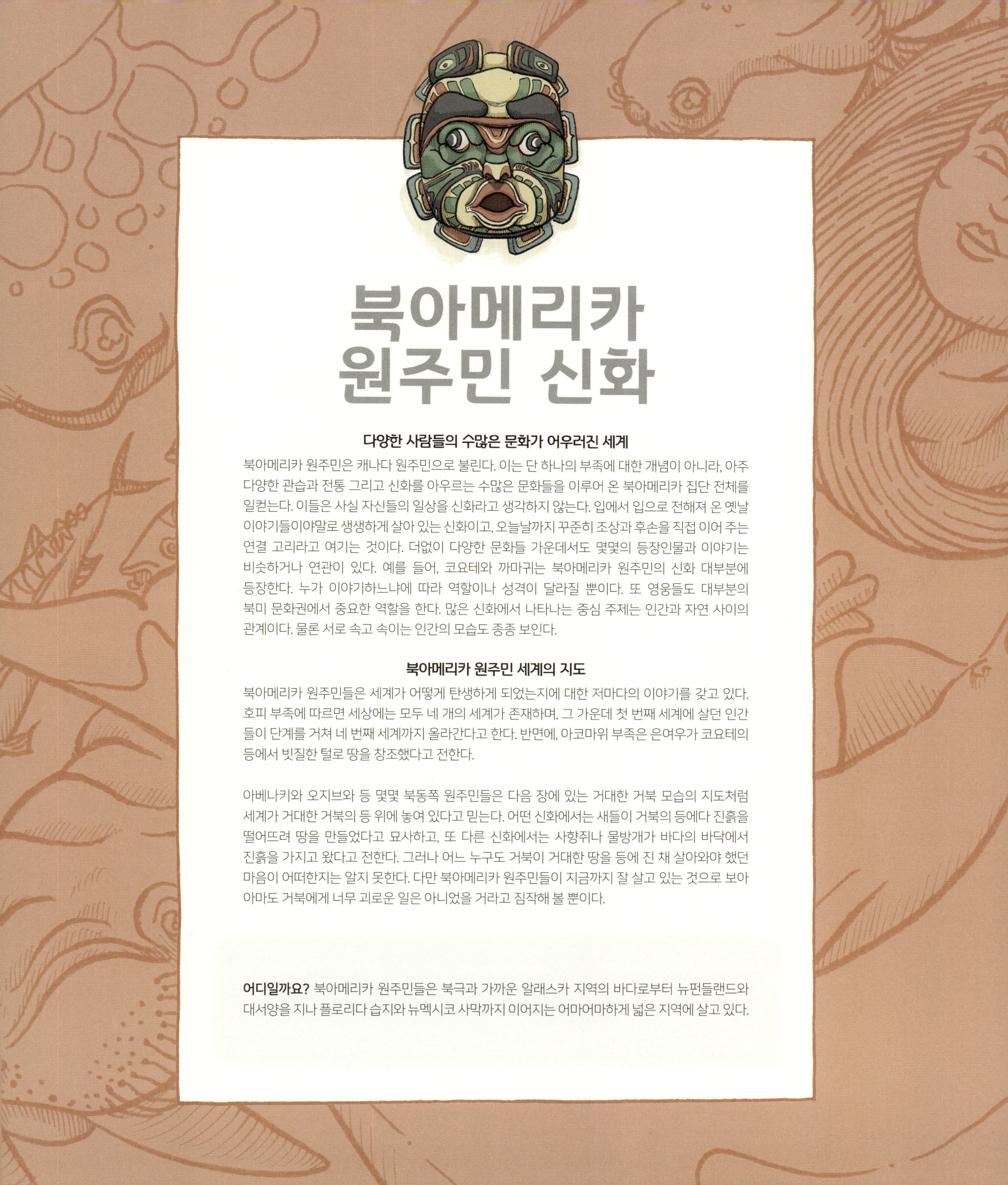

북아메리카 원주민 신화

다양한 사람들의 수많은 문화가 어우러진 세계

북아메리카 원주민은 캐나다 원주민으로 불린다. 이는 단 하나의 부족에 대한 개념이 아니라, 아주 다양한 관습과 전통 그리고 신화를 아우르는 수많은 문화들을 이루어 온 북아메리카 집단 전체를 일컫는다. 이들은 사실 자신들의 일상을 신화라고 생각하지 않는다. 입에서 입으로 전해져 온 옛날 이야기들이야말로 생생하게 살아 있는 신화이고, 오늘날까지 꾸준히 조상과 후손을 직접 이어 주는 연결 고리라고 여기는 것이다. 더없이 다양한 문화들 가운데서도 몇몇의 등장인물과 이야기는 비슷하거나 연관이 있다. 예를 들어, 코요테와 까마귀는 북아메리카 원주민의 신화 대부분에 등장한다. 누가 이야기하느냐에 따라 역할이나 성격이 달라질 뿐이다. 또 영웅들도 대부분의 북미 문화권에서 중요한 역할을 한다. 많은 신화에서 나타나는 중심 주제는 인간과 자연 사이의 관계이다. 물론 서로 속고 속이는 인간의 모습도 종종 보인다.

북아메리카 원주민 세계의 지도

북아메리카 원주민들은 세계가 어떻게 탄생하게 되었는지에 대한 저마다의 이야기를 갖고 있다. 호피 부족에 따르면 세상에는 모두 네 개의 세계가 존재하며, 그 가운데 첫 번째 세계에 살던 인간들이 단계를 거쳐 네 번째 세계까지 올라간다고 한다. 반면에, 아코마위 부족은 은여우가 코요테의 등에서 빗질한 털로 땅을 창조했다고 전한다.

아베나키와 오지브와 등 몇몇 북동쪽 원주민들은 다음 장에 있는 거대한 거북 모습의 지도처럼 세계가 거대한 거북의 등 위에 놓여 있다고 믿는다. 어떤 신화에서는 새들이 거북의 등에다 진흙을 떨어뜨려 땅을 만들었다고 묘사하고, 또 다른 신화에서는 사향쥐나 물방개가 바다의 바닥에서 진흙을 가지고 왔다고 전한다. 그러나 어느 누구도 거북이 거대한 땅을 등에 진 채 살아와야 했던 마음이 어떠한지는 알지 못한다. 다만 북아메리카 원주민들이 지금까지 잘 살고 있는 것으로 보아 아마도 거북에게 너무 괴로운 일은 아니었을 거라고 짐작해 볼 뿐이다.

어디일까요? 북아메리카 원주민들은 북극과 가까운 알래스카 지역의 바다로부터 뉴펀들랜드와 대서양을 지나 플로리다 습지와 뉴멕시코 사막까지 이어지는 어마어마하게 넓은 지역에 살고 있다.

북아메리카 원주민 세계

털북숭이 거인, 뿔이 솟은 뱀, 천둥새 그리고 커다란 거북 한 마리까지 북아메리카에 살고 있는 신과 영웅, 동물 들을 보여 주는 지도

* 몇몇 주인공들은 북미 전역의 신화와 전설에 종종 등장한다. * 괄호 속 이름은 소속된 부족의 무리를 표시한다.

24 타와 (호피 부족)
호피 부족의 태양신이다. 세상을 창조하고, 모든 것들을 만들었다. 가혹한 방식이기는 했지만 사람들을 깨우쳐 주기 위해 몇 차례 세상을 파괴하기도 했다.

23 코쿰트헤나 (쇼니 부족)
'우리 할머니' 또는 '구름 여인'이라 불린다. 작은 개와 함께 죽음의 땅 근처에서 살고 있다. 보름달이 뜨면 솥에 음식을 넣고 저으면서 요리하는 모습을 볼 수도 있다.

20 파랑어치 (치누크 부족)
등 부분에 파란색 깃털이 난 커다란 새로 영리하고 교활하다. 아주 친절하지만, 엉뚱한 짓을 하거나 형제자매에게 장난치는 것을 좋아한다.

21 타 탕카 (라코타 부족)
라코타 부족의 위대한 짐승이며, 힘이 센 아메리카들소이다. 사람들을 보호하고 음식을 제공하며 건강을 지켜 준다.

22 독수리 (이누이트 부족)
북을 연주하고 노래 부르는 법을 사람들에게 전해 주었다. 힘이 센 사냥꾼이기도 하다.

17 세드나 (이누이트 부족)
바다와 바다 동물들의 여신이다. 먹성이 지나쳐 자신의 어머니와 아버지를 먹으려 했다. 어떻게 그런 생각을 할 수 있지?

18 나누크 (이누이트 부족)
북극곰들의 왕이자 사냥의 신이다. 이누이트 사냥꾼들이 사냥감을 잡을 수 있을지 없을지는 모두 나누크에게 달려 있다.

19 아마구크 (이누이트 부족)
늑대이자 악당 트릭스터이다. 영리하고 교활하여 결코 믿지 못할 부류이다.

16 코요테 (나바호 부족)
나바호 사람들은 코요테를 비의 신이라고 여긴다. 실수와 혼란을 일으키는 걸 즐기고, 아주 심술궂게 굴기도 한다. 때로는 도움을 주기도 하지만 이것 또한 사람들을 혼란스럽게 만들기 위한 방법인지도 모른다.

15 코코펠리 (호피 부족)
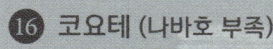
등이 굽은 플루트 연주가로 풍요와 출산과 추수와 음악 등 많은 것을 상징하는 신이다. 플루트를 불어서 겨울을 쫓아낸다.

14 카치나 (호피 부족)
신과 인간이 서로 소통하도록 돌봐 주는 영적인 존재이다. 산에 살면서, 사람들을 돕기 위해 마을로 내려온다. 카치나들은 강과 나무에서부터 조상과 곡물에 이르기까지 세상 모든 것들의 영혼이 될 수 있다.

13 부엉이 (아파치 부족)
아파치 사람들 사이에서 평판이 좋지 않은 토템이다. 아파치 부족에게 부엉이 울음소리는 불운의 징조이며, 부엉이 꿈을 꾸면 죽음이 곧 다가올 거라는 의미로 여긴다.

글루스카프와 아기
아이 앞에서 영웅임을 어떻게 증명할 것인가?

글루스카프는 위대한 영웅이자 모험가였다. 오래전, 그는 공기와 강 그리고 동물 등 세상에 꼭 필요한 것들을 수없이 창조했다. 뿐만 아니라 사람들에게 사냥과 낚시하는 법 그리고 악기와 배를 비롯한 여러 쓸모 있는 물건들을 어떻게 만드는지도 가르쳐 주었다.

이만하면 충분하니, 글루스카프가 잠시 휴식을 취했을 거라 생각했겠지만 그는 바쁘게 일해야 직성이 풀렸다. 그래서 자리에서 편히 쉬지 않고 여기저기 찾아다니면서 괴물과 여러 성가신 짐승 들을 물리쳤다.

글루스카프는 어느덧 자신이 세운 업적에 자신만만해 했고, 스스로 세상 모든 것들을 무찔렀다고 자랑스레 떠벌였다. 사람들도 당연히 그럴 만한 자격이 있다고 생각했기에 누구도 그의 주장에 반대하여 말하지 못했다. 그때 근처에서 한 여자가 깔깔거리며 말했다.

"아무리 그래 봐야 와시스는 절대 이길 수 없을걸요." 하지만 글루스카프가 그 말을 믿지 않자, 여자는 자신의 집으로 데려가 바닥에 앉아 즐겁게 놀고 있는 포동포동한 아기를 가리켰다.

글루스카프는 여자가 농담한다고 생각해 웃어넘겼다. 그러고는 와시스를 불렀지만 어찌 된 일인지 한 번도 쳐다보지 않았다. 장난감을 흔들어 보여도 아기는 여전히 그를 보기는커녕 아예 무시했다. 그러자 글루스카프가 이번에는 자기 쪽으로 서서 오라며 소리를 질렀다. 그럼에도 와시스는 그다지 대수롭지 않게 여겼다.

글루스카프는 마음이 상한 나머지 자신의 모든 힘을 끌어모아, 가장 강력한 마법을 써서 아기를 자기 쪽으로 억지로 움직였다. 하지만 와시스는 아주 잠깐 얼굴을 찌푸리다가 곧 하던 놀이를 계속했다.

글루스카프는 더는 견딜 수 없어 도망치듯 자리를 빠져나왔다. 와시스가 그의 등을 향해 천진난만한 미소를 지으면서 "구우, 구우." 하고 옹알거렸다. 그 뒤로 이 옹알이는 오늘날까지 세상 모든 아이들이 자신이 어떻게 위대한 글루스카프를 이겼는지 떠올릴 때마다 내는 소리로 여겨지고 있다.

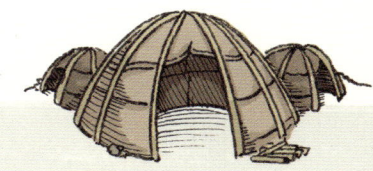

아베나키 사람들
원래 북아메리카의 동부 해안에서 살던 무리로, 서로 비슷한 언어를 사용하는 알곤킨 부족에 속한다. 알곤킨 부족의 언어로는 와바나키라고 하며, '새벽 땅의 사람들'이라는 뜻이다.

세계 신화 이모저모
아기에게 자존심을 구기긴 했지만, 글루스카프는 세상을 창조한 위대한 영웅이다. 또한 전사로서 웅장한 산맥을 통째로 휘둘러 사악하고 거대한 개구리를 무찌르기도 했다. 비버로 모습을 바꿨을 때는 자신의 커다란 꼬리로 바닷물을 펑펑 내리쳐서 많은 섬들을 만들었다.

물 항아리 소년
항아리로 태어난 아주 특별한 아이

아름답고 젊은 여자가 항아리를 빚을 진흙을 구하러 밖으로 나갔다. 그러다 잠시 강가에 앉아 쉬고 있는데 문득 이상한 기분이 들었다. 하지만 여자는 곧 무뎌져 더는 그 일에 대해 신경 쓰지 않았다.

그로부터 몇 주가 지나고, 여자는 자신이 임신했다는 사실을 알게 됐다. 그렇게 또 시간이 흘러 마침내 아기를 낳았는데, 놀랍게도 그녀가 낳은 아기는 사람이 아니라 작은 물 항아리였다. 물 항아리는 아주 특이했다. 맨 윗부분은 자그마한 소년 얼굴이었고, 사람처럼 말도 할 수 있었다.

물 항아리는 마을 아이들과 함께 행복하게 자라났다. 하루는 사람들이 숲으로 사냥하러 간다고 하자, 물 항아리 소년도 같이 가겠다고 했다. 할아버지는 소년이 혹시라도 넘어져서 깨질까 봐 걱정이 되어 안 된다고 했다. 하지만 물 항아리 소년이 고집을 부려 결국 사냥을 함께 나가게 되었다.

물 항아리 소년은 언덕을 굴러 내려가던 도중에 바위 쪽으로 떨어져 그만 산산이 부서져 버렸다. 마을 사람들은 소년이 크게 다쳤을까 걱정하며 다급히 달려갔다. 그런데 깨진 항아리 조각들 가운데서 한 어린 아이가 웃고 있었다. 아이의 얼굴은 물 항아리 소년과 똑같았다.

물 항아리 소년의 어머니와 가족들은 아들이 진짜 사람이 되어서 너무나 행복했다. 하지만 행복도 잠시, 소년이 아버지를 만나러 가겠다고 고집을 부렸다. 모두들 소년에게 아버지가 누구인지 아무도 알지 못한다고 말했지만, 소년은 한사코 고집을 꺾지 않더니 결국 길을 떠났다.

며칠 뒤, 소년은 마을 근처로 흐르는 강줄기를 거슬러 올라가 샘 하나를 발견했다. 그 옆에 한 남자가 앉아 있었는데, 남자는 자기 이름이 빨간 물뱀이라고 했다. 소년은 첫눈에 그가 자신의 아버지임을 알아보았다.

아버지와 아들은 함박웃음을 지으며 한참이나 서로를 껴안았다. 그리고 빨간 물뱀은 아들과 가족을 모두 초대해서 샘에서 함께 살았다.

테와 사람들

거의 비슷한 언어를 사용하며, 푸에블로 인디언 문화권에 속하는 사람들이다. 서로 다른 여섯 부족으로 이루어져 있고, 오늘날의 미국 남부에 살고 있다. 역사적 사건이나 전설로 내려오는 내용을 그림으로 표현한 토기가 유명하다. 테와에 관한 신화는 그들에게 있어 아주 신성하고, 문화적으로도 대단히 중요한 가치를 지녔다. 앞서 소개한 '물 항아리 소년' 이야기는 수많은 신화 가운데 하나인데, 어떤 문화권에서 들려주느냐에 따라 비슷하면서도 다양한 내용으로 전해지고 있다.

세드나
먹성이 좋아 부모까지 먹으려던 여자 아기

먼 북쪽 땅에서 살고 있는 거인 부부에게 딸아이가 하나 있었다. 아기는 늘 배가 고파서 항상 고기를 먹고 싶어 했다. 거인 부부는 그런 딸에게 순록과 말코손바닥사슴, 새 그리고 여우를 사냥해 먹였다. 어떤 날에는 아기가 북극곰을 먹은 적도 있었다.

아기가 걸음마를 배우면서부터 문제가 심각해졌다. 아기는 이미 온갖 동물들의 살코기를 먹어 봤기 때문에 그저 그런 고기 맛에 질린 나머지, 자신의 어머니와 아버지를 먹어 보면 어떨까 궁금해졌다. 처음에는 장난처럼 야금야금 무는 것으로 시작했지만 얼마 지나지 않아 결국 아버지의 다리를 크게 한입 물어뜯고 말았다. 아버지는 깜짝 놀라 도망갔고, 아기는 아버지를 아장아장 쫓아다녔다.

거인 부부는 아기에게 가족을 먹는 것은 잘못된 행동이라고 가르쳤지만 아무 소용없었다. 매일 딸을 피해 도망 다녀야 하자 지치기도 했지만 잡아먹힐까 봐 무섭기도 했다. 거인 부부는 고심한 끝에 너무 슬프지만 딸을 바다에 던져 버리기로 마음먹었다.

거인 부부는 아기를 카누에 태우고 심하게 물리지 않도록 조심하면서 최대한 멀리 떨어진 곳으로 열심히 배를 저었다. 이윽고 북극해 한가운데에 다다르자 눈물을 머금고 어린 딸을 배 밖으로 던지려고 했다. 하지만 아기는 뱃전에 매달려서 끝까지 부모의 살점을 뜯으려고 발버둥이를 쳤다.

부모는 어쩔 수 없이 딸의 손가락을 하나씩 잘라 내야 했고, 바닷속으로 떨어진 아기의 손가락들이 저마다 바다를 헤엄치는 동물의 모습으로 변했다. 곧 얼음장 같은 바다는 바다표범, 바다코끼리, 일각돌고래를 비롯한 고래 종류 그리고 물고기 떼로 가득 채워졌다.

이누이트 사람들
알래스카부터 캐나다, 그린란드 그리고 시베리아 베링해에 이르는 지역으로, 꽁꽁 얼어붙은 북극해 연안에서 살고 있다. 사냥과 어업으로 생계를 꾸린다. 이누이트 신화의 대부분은 바다와 바다 생명체의 중요함을 일깨워 준다.

아기는 마침내 바닷속으로 풍덩 빠져 아래로 아래로 가라앉았다. 그런데 문득 바닷속이 훨씬 아늑하다는 사실을 깨달았다. 아기는 그곳에서 바다 동물 친구들과 함께 무럭무럭 자라 어른이 되었으며, 바다짐승들의 지배자가 되었다. 그때부터 '바닷속 깊은 곳에서 온 사람'을 뜻하는 세드나로 알려지게 되었다.

수 사람들

북아메리카 원주민 가운데 거대한 집단을 이루는 부족이다. 그들은 캐나다 여러 지역에 자리 잡고 살아왔으며, 이는 오늘날 미국의 중북부 지역에 해당한다. 뛰어난 실력을 가진 아메리카들소 사냥꾼들로, 17세기 유럽인들이 아메리카 대륙을 침략하면서 말을 들여오기 전까지는 커다란 짐승들을 맨발로 쫓아다녔다. 불과 화살 그리고 창을 들고 뛰어다니며 사냥하곤 했다.

사냥꾼들과 거대한 뱀

방울뱀 고기를 먹은 전사들의 최후

전사들의 무리가 대초원에서 사냥하기 위해 마을을 떠났다. 하지만 운이 없었는지 아무런 소득 없이 집으로 돌아와야 했다. 오는 도중, 지쳐 있던 남자들에게 우렁찬 아메리카들소 떼의 울음소리가 들려왔다. 뒤이어 커다란 먼지구름이 지평선 위로 피어올랐다.

전사들이 소용돌이치며 가까이 몰려온 먼지구름 속에서 맞닥뜨린 것은 아메리카들소 떼가 아니라 거대하게 빛나는 한 쌍의 노란 눈이었다. 그것은 바로 들소 열두 마리를 줄 세운 것보다 더 긴 몸에, 성인 남자의 몸보다 훨씬 큰 방울이 꼬리에 달린 거대한 방울뱀이었다.

전사들은 횃불을 밝혀 거대한 방울뱀을 불로 꾀어내어 협곡 쪽으로 몰아갔고, 마침내 추장이 창을 찔러 간신히 뱀을 죽였다.

전사들은 굶주렸던 탓에 조심스레 방울뱀의 고기를 조금씩 잘라 먹어 보았다. 고기는 정말 맛있었다. 하지만 전사의 무리 가운데 가장 어리고 작은 소년만은 방울뱀의 고기가 먹고 싶지 않아 입에 대지 않았다. 소년은 무척이나 배가 고팠지만 코를 고는 다른 전사들 곁에 누워 잠이 들었다.

해가 떠오를 즈음, 소년은 끙끙거리는 신음 소리에 잠에서 깨어났다. 그런데 옆에서 자던 동료 전사들은 어디론가 사라져 보이지 않았고, 땅바닥이 웬 뱀들로 온통 뒤덮여 있었다. 잠결에 들려오던 신음 소리는 유일하게 사람으로 남아 있던 추장이 앓는 소리였다.

그러나 추장 역시 상반신은 약간 초록빛을 띠기는 해도 괜찮아 보였지만, 하반신은 이미 길고 미끄러운 뱀의 몸뚱이로 바뀌어 있었다. 어찌된 영문인지 몰라 소년이 무서워하자, 추장은 어제 잡은 거대한 방울뱀 고기를 먹고 전사들이 모두 뱀으로 변했다고 알려 주었다. 아울러 뱀으로 변한 전사들이 소년과 자신의 부족에게는 절대 어떠한 해도 끼치지 않을 것이라고 약속했다. 추장은 그 말을 마치자마자, 두 팔과 머리카락이 마치 녹아드는 듯 거대한 뱀의 모습으로 바뀌어 갔다. 그러는 동안 추장의 두 눈 역시 거대한 방울뱀처럼 훨씬 커지고 눈빛도 더욱 밝아졌다.

소년은 결국 혼자서 마을로 터덜터덜 돌아갔다. 그 뒤로 매년 여름이면 한때 용감한 전사였던 뱀들이 자신의 가족과 친구 들을 만나기 위해 마을을 찾아오곤 했다.

북아메리카 원주민
상상 속 동식물과 문화유산

기다란 귀

말총 꼬리와 어마어마하게 긴 귀를 가진 끔찍한 괴물이다. 몸집은 거대하지만 몸이 몹시 야윈 회색 늑대의 모습이다. 주로 바위틈에 몸을 숨기고 있으며, 바다 비린내가 심하게 난다. 이 괴물을 보면 엄청난 불운을 불러온다고 하여 나쁜 징조로 여기며, 누구든지 맞닥뜨리면 심각한 병에 걸릴 수 있다고 전해진다.

아니와이

아주 높다란 나무보다도 더 큰 신화 속 스컹크이다. 일반적인 스컹크들과 달리, 아니와이는 심각할 정도로 혼자 다니는 것을 좋아한다. 대부분의 시간을 사람을 찾으며 보내는데, 그러다가 사람을 만나면 엉덩이에서 분비되는 액체를 뿜어낸다. 그 냄새가 아주 고약해서 맡아 본 이들은 아주 힘들어할 뿐 아니라 결코 잊지 못한다.

토템 폴

전통적으로 북서부 아메리카 원주민들이 토템의 모습을 그리거나 조각한 기다란 나무 기둥이다. 토템이란 자신의 부족과 특별한 관계가 있다고 여기는 특정한 동식물이나 자연물로, 부족의 상징물이 되기도 한다. 토템 폴은 대개 토템을 색칠하고 장식한 나무 기둥이 세 개 정도 포개진 형태를 띠고 있다. 역사를 기록하고, 이야기를 전하며, 조상들과 주요 행사 그리고 다른 여러 업적들을 기리는 데 사용되곤 했다. 잘못을 하거나 창피한 일을 저지른 특정한 인물을 놀리고 조롱하기 위해 세운 기둥도 있다.

일본 신화

일본의 모든 것에 얽혀 있는 카미에 관한 이야기

일본 신화는 모두 카미에 관한 내용이다. 정확히 말하면 카미는 신이 아니라, 자연에서 사물에 이르기까지 세상을 구성하는 모든 것에 존재하는 신비롭고도 신성한 힘과 같은 존재이다.

산과 나무의 카미는 물론이고, 강과 태풍의 카미 그리고 불과 천둥의 카미도 있다. 일본의 카미는 대략 800만 가지나 될 만큼 엄청나게 많다. 또한 수많은 카미들이 사람의 형태를 취하고 있으며, 유럽 신화의 신들과 비슷한 방식으로 행동한다.

일본 신화에 따르면, 맨처음 하늘에 살던 카미가 세상을 창조했다. 하늘 아래 세상은 아직 형태가 없었고 땅이라고 해 봐야 끈적끈적한 덩어리뿐이었다. 그때, 이자나기와 이자나미라는 카미 부부가 다른 카미들에게 선택받아, 세상을 단단한 상태로 다져 놓는 임무를 맡았다. 부부는 하늘과 땅 사이에서 기다란 창으로 끈끈한 덩어리를 휘저어 섞었다. 그런 다음 다시 창을 들어 올리자, 묻어 있던 덩어리 몇 방울이 아래로 떨어져 이내 땅이 단단해지면서 섬이 되었다. 부부는 섬으로 내려가 궁전을 짓고 많은 자식들을 낳았다. 자식들도 평범한 아이들이 아니었다. 일본의 모든 섬들 그리고 해와 달과 다른 여러 가지들을 상징하는 신으로 그려지고 있다.

일본 세계의 지도

일본 신화에는 모두 세 개의 세계가 있다. 신들은 '하늘의 드높은 들판' 즉, 타카마노하라라는 맨 꼭대기 세계에서 산다. 중간에는 사람들이 사는 땅이자, 끝없는 바다로 둘러싸인 나카츠쿠니가 자리하고 있다. 대지 밑에는 어둡고 습한 지하 저승 세계인 요미노쿠니가 있다.

어디일까요? 일본 신화는 주로 고유한 민족 신앙인 신도와 외국에서 전해진 불교, 두 가지 거대한 종교에서 비롯되었다. 7세기에 들어서면서 신화가 처음으로 문자로 기록되었고, 오늘날의 일본을 이루고 있는 수백 개의 섬 곳곳으로 퍼져 나갔다.

일본 세계

수많은 카미와 악령, 용, 화산 그리고 마법의 힘을 가진
털북숭이 거북을 포함한 신도 세계의 지도

1 라이진
자신의 주변을 수많은 북들을 치면서
천둥 번개를 일으키는 천둥의 카미이다.
사람들이 배꼽을 먹는 것을 좋아한다. 우에!

2 아마테라스
태양의 여신이자 하늘의 카미이다. 이자나기와
이자나미의 딸이고, 일본 왕들의 조상이다. 많은
시간을 자신의 남자 형제들과 싸우면서 보낸다.

3 후진
바람의 카미이다. 바람이 저장되어 있는
바람이 저장되어 있는 커다란 보따리 가방에
여행을 많이 다닌다.

4 아메노 우즈메
위대한 춤꾼이다. 남자 형제들과 다툰 뒤에 동굴로
숨어 버린 아마테라스를 달래서 다시 나오게
하기 위해 익살맞은 춤사위를 선보였다.

5 츠쿠요미 미코토
아마테라스의 남자 형제이고, 달의 신이다. 다시는
보지 않겠다며 자신을 만나러 하는 반대편으로 주방에 버린
아마테라스와의 큰 싸움을 벌이고, 이 과정에서
낮과 밤이 나누어졌다고 전해진다.

6 텐진
9세기에 실제로 살았던 시인이자 현인이다.
왕에게 부당한 대우를 받다가 죽은 뒤 뒷날에
온갖 나쁜 일들이 일어나기 시작했다. 뒤늦게
텐진을 배움의 카미로 선포하고 나서야
모든 것들이 다시금 원래대로 돌아갔다.

7 스이진
깨끗하고 맑은 물의 카미이다. 강가 샘 또는
호수 옆에 살고, 대개는 물 근처에 있는 수수한
물의 모습으로 나타난다.

8 우케모치
음식의 여신이다. 자신의 몸에 있던 음식을
내주었다는 이유로 츠쿠요미 미코토에게
죽임을 당했다. 그것은 분명 잘못된
행동이지만, 그렇다고 죽여야 했을까.

9 스사노오
아마테라스의 남동생이자 폭풍우의 신이다.
아마테라스가 숨자, 세상의 모든 빛이 사라져
못된 동굴로 들어가 되었다. 이렇게 큰 잘못을 저지른
탓에 아버지와 누나에게 미움을 사게 되어
원래 바다를 다스리기로 했으나 사악이
주방당했다. 나중에 마음을 고쳐먹고 위대한
영웅이 되었다.

10 고도하나 사쿠야
벗꽃의 여신이자 니니기 미코토의 아내이다.
활짝 피었다가 이내 시고 마는 벗꽃처럼
인생의 덧없음을 대변하고 있다.

11 야쿠나시
땅의 주인이고, 아마테라스의 후손이다.
아마테라스의 후손이 시대를 거슬러 올라
오래전 조상들이 시작했던 세상을 청소하는
일을 마침내 완성했다. 난쟁이 카미인
스쿠나히코나도 함께 도왔다.

12 니니기 미코토
일본 왕의 조상이다. 아마테라스의 손자로,
할머니로부터 받은 세 가지 강력한 선물,
창과 거울 그리고 보석을 지니고 다닌다.

13 카구츠치
불의 카미이다. 워낙 뜨겁기 때문에
이자나미는 이자나미가 이자를 낳을 태워
죽었다. 이자가 이가 슬픔에 겨운 나머지
카구츠치의 몸을 여덟 조각으로 쪼개었
는데, 그 조각들이 각각 화산이 되었다.

14 하치만
궁술과 전쟁의 신이자 학슴과 예술의 신이기도 하다. 그는 후손을 구하기 위해 자주 지상 세계로 내려갔다. 하지만 이미 죽음으로 인해 흉측해진 모습을 보이는 너무 겁이 나서 구출하지 못하고 돌아섰다.

15 이자나기
아내인 이자나미와 함께 세상을 창조했다. 아내가 죽자 그녀를 구하기 위해 지하 저승 세계로 내려갔다. 하지만 이미 죽음으로 인해 흉측해진 모습을 보이는 너무 겁이 나서 구출하지 못하고 돌아섰다.

16 이나리
풍요와 번영 그리고 쌀의 카미이다. 때로는 남자의 모습으로 때로는 여자의 모습으로 나타나기도 한다. 언제나 여우들을 데리고 다닌다.

17 류진
용과 뱀의 왕이자 바다의 신이다. 마법의 보석으로 물과 썰물이 치듯 낮추거나 고요한 바다처럼 평화롭다가도 갑자기 하늘 위해 파도 날뛰는 험한 바다로 변하기도 한다.

18 도요타마 공주
류진의 딸이자 바다의 카미이다. 아이를 낳기 위해 용으로 변신했는데, 그 모습을 본 남편이 진특 검을 먹고 달아났다.

19 미노가메
천년 넘게 살 수 있는 마법의 힘을 가진 거북이다. 길고 북슬북슬한 사람의 수염 꼬리를 가졌다. 마법도 쓰지 못하고 탐스러운 털로 된 꼬리도 없는 다른 거북이들이 응하 부러움의 눈빛으로 바라볼 만큼이다.

20 이자나미
이자나기와 아내이자 동시에 그의 힘을 함께 세상을 창조했다. 불이 카미인 가구츠치를 낳다 그만 타 죽어서, 그녀는 지하 저승 세계인 요미노구니의 통치자가 되었다. 남편과 큰 논쟁을 벌였는데, 남쪽이 자신이 죽은 뒤에도 한참을 남편과 싸우면서 지냈다.

21 시치 후쿠진
일본의 칠복신으로 벤자이텐, 비샤몬텐, 다이코쿠텐, 에비스, 후쿠로쿠주, 호테이 그리고 주로진 이들이다. 일곱 신들이 보물선을 타고 함께 여행하면서 사람들에게 행복과 건강을 가져다준다.

야가미 공주와 결혼한 오쿠니누시
착한 일을 하면 복이 온다

오쿠니누시는 81명의 형제들 가운데 막내로, 착한 소년이었다. 반면 형들은 분노에 찬 끔찍한 성격으로 성장해 오쿠니누시는 못된 형들에게 괴롭힘을 당해야 했다.

어느 날, 형제들이 아름다운 야가미 공주에게 청혼할 계획을 짜고서는 이나바 지방으로 여행을 떠났다. 형제들은 오쿠니누시를 하인으로 부리려고 함께 데려갔다. 형들은 불쌍한 동생에게 모든 짐을 떠맡기고는 걸어오라고 한 뒤 자기들은 말을 타고 앞서 달려갔다.

그렇게 길을 가던 중에 형제들은 아주 딱한 상황에 놓인 토끼의 목소리를 듣게 되었다. 토끼는 자신이 몇몇 바다 괴물들에게 장난을 좀 쳤는데, 그 바람에 괴물들이 단단히 화가 나 털가죽을 모두 벗겨 버렸다고 하소연했다. 인정머리 없는 형제들은 토끼를 도와주기는커녕 토끼에게 소금물로 목욕하고 햇볕 아래에 누워 있으라고 했다. 토끼는 고마워하며 형제들이 시킨 대로 했지만 오히려 소금물과 뜨거운 햇볕 때문에 피부가 더욱 심하게 갈라져 고통스러워했다.

한편 오쿠니누시는 많은 짐을 지고 가야 했던 탓에 다른 형제들보다 한참 뒤처져 걷다가 뒤늦게 토끼가 울고 있는 모습을 발견했다. 오쿠니누시는 어떻게든 토끼를 도와주고 싶어서 맑은 강물에 소금기를 씻어 낸 뒤, 강가에서 자라는 부들의 꽃가루를 모아 그 위에서 데굴데굴 구르라고 일러 주었다. 토끼는 오쿠니누시의 말이 그리 미덥지 않았지만, 어쩔 도리가 없어 알려 준 대로 해 보았다. 그러자 불에 타는 듯 따갑고 쩍쩍 갈라졌던 살갗이 금세 꽃가루로 덮여 통증이 점차 사라졌을 뿐 아니라 털이 다시금 자라기 시작했다.

토끼는 무척이나 고마워하며 마음의 표시로 80명의 형제들이 아니라 오쿠니누시가 야가미 공주와 결혼하게 될 것이라고 귀띔해 주었다.

오쿠니누시가 이나바의 궁궐에 도착했을 때, 형제들은 이미 야가미 공주를 만나고 있었다. 그러나 공주는 형제들의 거만하고 불만 가득한 태도가 마음에 들지 않았다. 반면에 오쿠니누시는 다정하고 똑똑하다고 생각했다. 결국 야가미 공주는 토끼의 예언대로 오쿠니누시와 결혼하기로 마음먹었다.

세계 신화 이모저모

토끼 한 마리가 바다를 건너려고 꾀를 냈다. 바다 괴물들을 이용할 생각이었던 것이다. 토끼가 바다 괴물들 앞에서 너희 가운데 누가 친척이 가장 많냐고 물었다. 그러자 바다에 둥둥 떠 있던 괴물들이 나란히 줄지어 서기 시작했다. 토끼는 괴물들의 수를 세는 척하면서 몸뚱이들을 차례차례 밟고 바다 건너편으로 폴짝폴짝 뛰어갔다. 마침내 뭍에 도착한 토끼는 바다 괴물들에게 사실 강을 건너려고 속임수를 쓴 것이라며 재미있어했다. 괴물들은 토끼가 자신들을 놀렸다는 생각에 화가 잔뜩 났다. 그때 뭍 가까이에 있던 괴물이 토끼를 덮쳤고, 괴물들은 토끼의 털가죽을 모두 벗겨 버렸다. 어떤 신화에서는 바다 괴물이 악어였다고 하고, 혹은 상어였다고도 한다.

머리가 여덟 개 달린 괴물
스사노오의 기발한 꾀에 아주 크게 당하다

하늘에서 추방된 뒤, 스사노오는 목메어 우는 노부부를 만났다. 노부부는 머리가 여덟 개 달린 거대한 괴물 뱀 야마타 오로치에게 줄곧 괴롭힘을 당해 왔다고 호소했다.

괴물 뱀의 몸집은 정말이지 엄청나게 컸다. 여덟 개의 골짜기와 여덟 개의 언덕을 덮을 정도로 몸이 길었고, 등에서는 삼나무와 편백이 자라고 있었다. 노부부는 지난 7년 동안 야마타 오로치가 매년 딸들 가운데 한 명씩을 잡아먹었고, 이제 마지막 남은 딸 하나마저 잡아먹겠다고 을러댔다며 울먹였다.

스사노오는 재빨리 머리를 굴려 계획을 짰다. 일단 노부부의 딸을 빗으로 바꾸어 자신의 머리에 꽂아 숨겼다. 그런 다음, 노부부에게 아주 독한 사케 여덟 통을 만들어 오라고 했다. 사케는 쌀로 빚은 일본 술로 괴물 뱀이 특히나 좋아하는 것이었다. 끝으로 노부부에게 집에 있는 여덟 개의 문 주위에 커다란 장벽을 빙 둘러쌓고, 각각의 문 앞에다 사케 통을 하나씩 갖다 놓으라고 했다.

마침내 야마타 오로치가 노부부의 집에 도착했다. 곧 여덟 개의 머리들이 은은한 사케 냄새를 맡고는 저마다 꿀떡꿀떡 소리를 내며 순식간에 사케 통을 비웠다. 이내 야마타 오로치는 술에 잔뜩 취해 스르르 잠들고 말았다. 스사노오는 그 틈을 놓치지 않고, 칼을 뽑아 여덟 개의 머리들을 모두 잘라 버렸다.

노부부는 무척이나 고마워했고, 그 뒤로 스사노오와 노부부의 딸이 결혼했다. 스사노오 부부의 자손들 가운데 한 명이 바로 오쿠니누시이다.

일본
상상 속 동식물과 문화유산

갓파

원숭이와 거북을 한데 섞어 놓은 듯한 괴물로, 무술 실력이 매우 뛰어나다. 맑은 물속에 살면서, 때때로 사람들을 자신의 집으로 꾀어내어 물에 빠뜨려 죽인다. 갓파에게서 도망치려면, 누구든 먼저 갓파에게 머리를 숙여야 한다. 그러면 예의 바른 갓파도 마주 인사하려고 고개를 숙일 것이다. 그때 움푹 팬 정수리에 담겨 있던 물이 모조리 쏴아 쏟아지고 나면, 갓파는 힘을 잃고 죽게 된다.

타누키

너구리의 한 종류로, 마법을 부리며 온갖 장난을 치고 다닌다. 영리하고 교활해서 스님과 상인 그리고 늙은 여인으로 모습을 바꾸어 남을 속이고 도둑질을 벌이기도 한다. 한번은 타누키가 주전자로 모습을 바꿨는데 마침 누군가가 물을 끓이려고 주전자를 불에 올려놓는 바람에 엉덩이가 타 버린 적도 있다.

텐구

버릇없고 공격적이지만, 때로는 친절하게 도움을 주기도 하는 산의 정령이다. 텐구라는 이름은 '하늘에서 온 개'라는 뜻이지만, 모습은 전혀 개처럼 보이지 않는다. 까마귀 날개와 머리를 가진 사람처럼 보이거나, 때로는 붉은 얼굴에 커다란 코 그리고 흰머리가 난 노인으로 보이기도 한다. 텐구는 칼 만드는 솜씨가 뛰어나며 칼싸움에도 능하다.

힌두 신화

세상을 건설하고, 파괴하고, 모든 것을 다시 시작하다

파괴는 힌두 신화에서 아주 중요한 사건이다. 가끔씩 힌두의 신들은 어마어마한 전쟁을 벌여 세상을 다 때려 부수고는, 아무것도 없는 상태에서 다시금 새로운 세계를 창조하고 싶은 충동을 느끼는 것 같다. 듣기만 해도 끔찍할 정도로 힘든 과정이겠지만, 그럼에도 파괴와 창조의 과정을 통해 세상이 지금까지 멋지고 새로워졌다는 것은 의심할 여지가 없다.

힌두의 신은 3억 3천만이 넘는다고 알려져 있다. 모든 신들을 한자리에 다 모으면 어마어마한 가족 모임이 될 것이다. 힌두 신들은 온 세상이 제대로 돌아가도록 함께 힘쓰고 있으며, 바람과 바다에서 행복과 행운에 이르기까지 세상의 모든 것들을 책임지고 있다.

힌두 신 가운데 우두머리는 시바, 비슈누 그리고 브라흐마이다. 세상을 창조하고 파괴할 때 큰 역할을 한 신들이다. 혼란스럽겠지만 힌두의 신들은 저마다 다른 이름으로 불리고 있다. 하나의 신이 수많은 정체성 또는 여러 가지 형태와 모습을 갖고 있기 때문이다. 예를 들어 시바라는 파괴의 신이 춤의 신인 나타라자이기도 하다.

사실, 우리가 사는 세상도 오늘날에 이르기까지 창조와 파괴가 반복되어 왔기 때문에 힌두의 창조 신화들이 그처럼 많이 전해지는 것도 놀라운 일은 아니다. 우주는 두 신들의 전쟁을 거쳐 탄생했을까? 아주 커다란 알껍데기를 깨고 나왔을까? 아니면 신들 가운데 누군가의 몸에서 싹을 틔웠을까?

힌두 세계의 지도

대부분의 힌두 신화에서는 우주의 중심에 거대하고 온통 뒤죽박죽한 수미산이 자리하고 있고, 태양과 행성들이 수미산 주위를 빙글빙글 돌고 있다고 여겼다. 다음 장의 그림은 힌두 세계에 대한 다양한 견해들 가운데 여덟 개의 바다가 한가운데의 큰 섬을 둘러싸고 있고, 수미산이 큰 섬 위에 우뚝 솟아 있다는 설명에 근거했다. 이 세계의 위쪽에는 힌두 신들의 산과 들 등이 펼쳐진 하늘 왕국이 있고, 아래쪽에는 지하 저승 세계가 자리하고 있다.

어디일까요? 힌두 신화는 힌두교의 주요 신들에 관한 이야기로, 힌두교와 관계가 깊다. 힌두교는 기원전 1500년경부터 오늘날의 인도와 네팔 지역에서 믿으며 받들어 왔다. 오늘날 세계에서 세 번째로 큰 종교이며, 남아시아를 비롯하여 전 세계에 널리 신자들이 퍼져 있다.

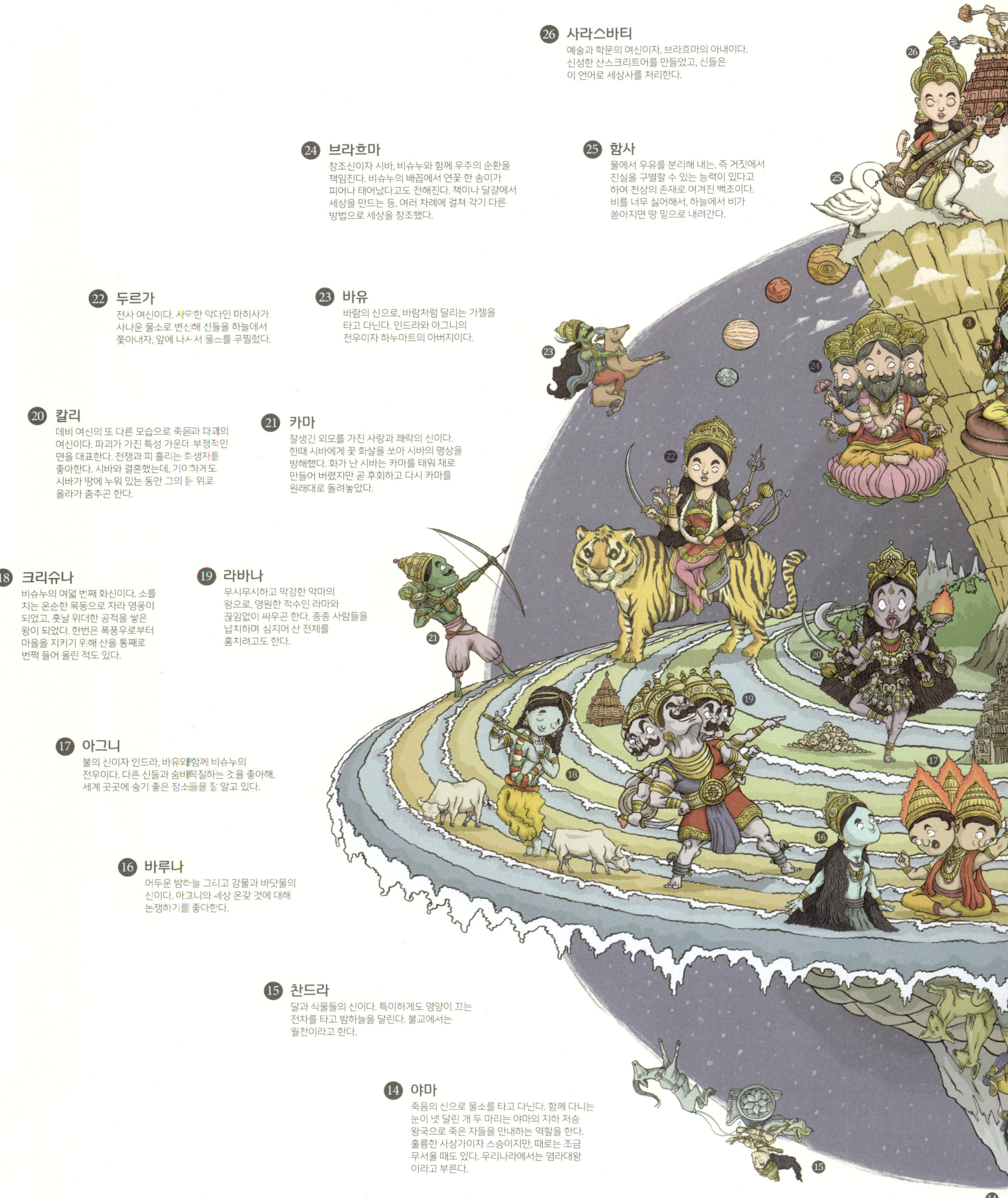

㉖ **사라스바티**
예술과 학문의 여신이자, 브라흐마의 아내이다. 신성한 산스크리트어를 만들었고, 신들은 이 언어로 세상사를 처리한다.

㉕ **함사**
물에서 우유를 분리해 내는, 즉 거짓에서 진실을 구별할 수 있는 능력이 있다고 하여 천상의 존재로 여겨진 백조이다. 비를 너무 싫어해서, 하늘에서 비가 쏟아지면 땅 밑으로 내려간다.

㉔ **브라흐마**
창조신이자 시바, 비슈누와 함께 우주의 순환을 책임진다. 비슈누의 배꼽에서 연꽃 한 송이가 피어나 태어났다고도 전해진다. 책이나 달걀에서 세상을 만드는 등, 여러 차례에 걸쳐 각기 다른 방법으로 세상을 창조했다.

㉓ **바유**
바람의 신으로, 바람처럼 달리는 가젤을 타고 다닌다. 인드라와 아그니의 전우이자 하누마트의 아버지이다.

㉒ **두르가**
전사 여신이다. 사악한 악마인 마히사가 사나운 물소로 변해 신들을 하늘에서 쫓아내자, 앞에 나서서 물소를 쿠찔렀다.

㉑ **카마**
잘생긴 외모를 가진 사랑과 쾌락의 신이다. 한때 시바에게 꽃 화살을 쏘아 시바의 명상을 방해했다. 화가 난 시바는 카마를 태워 재로 만들어 버렸지만 곧 후회하고 다시 카마를 원래대로 돌려놓았다.

⑳ **칼리**
데비 여신의 또 다른 모습으로 죽음과 파괴의 여신이다. 파괴가 가진 특성 가운데 부정적인 면을 대표한다. 전쟁과 피 흘리는 희생자를 좋아한다. 시바와 결혼했는데, 기이하게도 시바가 땅에 누워 있는 동안 그의 등 위로 올라가 춤추곤 한다.

⑲ **라바나**
무시무시하고 막강한 악마의 왕으로, 영원한 적수인 라마와 끊임없이 싸우곤 한다. 종종 사람들을 납치하며 심지어 산 전체를 훔치려고도 한다.

⑱ **크리슈나**
비슈누의 여덟 번째 화신이다. 소를 치는 온순한 목동으로 자라 영웅이 되었고, 훗날 위대한 공적을 쌓은 왕이 되었다. 한번은 폭풍우로부터 마을을 지키기 위해 산을 통째로 번쩍 들어 올린 적도 있다.

⑰ **아그니**
불의 신이자 인드라, 바유와 함께 비슈누의 전우이다. 다른 신들과 숨바꼭질하는 것을 좋아해, 세계 곳곳에 숨기 좋은 장소들을 잘 알고 있다.

⑯ **바루나**
어두운 밤하늘 그리고 강물과 바닷물의 신이다. 아그니와 세상 온갖 것에 대해 논쟁하기를 좋아한다.

⑮ **찬드라**
달과 식물들의 신이다. 특이하게도 영양이 끄는 전차를 타고 밤하늘을 달린다. 불교에서는 월천이라고 한다.

⑭ **야마**
죽음의 신으로 물소를 타고 다닌다. 함께 다니는 눈이 넷 달린 개 두 마리는 야마의 지하 저승 왕국으로 죽은 자들을 안내하는 역할을 한다. 훌륭한 사상가이자 스승이지만, 때로는 조금 무서울 때도 있다. 우리나라에서는 염라대왕이라고 부른다.

힌두 세계

거대한 산과 그 주변을 둘러싼 바다, 분노하는 악마 그리고 놀라운 능력을 가진 원숭이 신까지 힌두 세계 속 신들에 관한 지도

1 데비
위대한 여신이자, 세상 모든 것의 어머니이다. 어떤 때는 사랑스럽고 친근한 파르바티나 락슈미의 모습으로, 때로는 생명을 앗아 가는 무시무시한 칼리의 모습으로 나타나는 등 상황에 따라 다양한 여신의 모습들을 보이곤 한다.

2 락슈미
번영과 행운의 여신으로, 데비의 또 다른 모습이다. 또한 비슈누의 아내이다. 인간의 삶을 풍요롭게 하기 때문에 많은 사람들이 숭배하고 있다.

3 비슈누
수호신으로서 세계가 파괴와 창조를 되풀이하는 과정, 즉 우주의 순환을 질서 있게 유지한다. 세상이 어지러워질 때 정기적으로 '화신' 내지 '아바타라'라는 모습으로 인간 세계에 나타나, 곤경에 처한 인간들을 구원한다. 아난타라는 거대한 뱀의 머리 위에서 잠을 잔다.

4 시바
파괴의 신이다. 파괴 없이는 창조도 있을 수 없기에 파괴를 결코 나쁜 것으로 여기지 않는다. 요가를 잘해서 훌륭한 춤꾼으로도 알려져 있다. 시바의 춤에는 우주의 모든 움직임이 표현되어 있다.

5 수리아
태양신으로, 가루다의 형제인 아루나가 몰고 다니는 전차를 탔다. 전차에 바퀴가 하나만 달려 있었던 것으로 보아, 아루나는 분명 실력이 뛰어난 마부였을 것이다.

6 파르바티
데비 여신의 다양한 모습 가운데 하나이자, 산의 신인 히말라야의 딸이다. 시바가 아내로 들인 여신들 가운데 하나이며, 아름답고 친절하다. 가네샤의 어머니이기도 하다.

7 가네샤
지혜의 신으로, 코끼리의 머리를 한 모습에 쥐를 타고 다닌다. 인간이 나아가는 길을 가로막는 장애물을 제거하고, 인간의 삶에 성공을 가져다주는 역할을 책임지고 있다.

8 인드라
하늘의 왕이자 전쟁의 신으로 벼락을 휘두른다. 그리고 신들이 가장 좋아하는 천상의 음료인 소마를 만들어 준다.

9 강가
갠지스강의 여신이다. 갠지스를 힌디어로 강가라고 한다. 갠지스강은 인도에서 가장 성스러운 곳으로, 강가가 갠지스의 강물로 세상을 깨끗하게 씻어 준다.

10 라마
위대한 영웅이자 비슈누의 일곱 번째 화신, 즉 비슈누의 다양한 인간계 모습 가운데 하나이다. 하누마트의 도움으로 악마 부대를 무찌르고, 천 년 동안이나 왕의 자리를 지켰다.

11 하누마트
힌두의 원숭이 신 가운데 가장 위대하고 비범한 원숭이로, 대단한 모험가이자 라마의 가장 친한 친구이다. 힘이 아주 세고 영리하며 교활한 성격이고, 훌륭한 시인이기도 하다. 바나나를 먹으면서 동시에, 나무를 타고 다닐 수 있다.

12 가루다
비슈누가 타고 다니는 상상 속 새로 거대한 독수리의 모습이다. 불과 태양을 대표하며, 자신이 원하는 어떤 형태로든 모습을 바꿀 수 있다. 먹이로는 나가라는 뱀을 좋아한다.

13 루드라
으르렁거리면서 다니는 폭풍우의 신이자 난폭한 사냥꾼이다. 기분이 나쁘면 모든 사람들에게 화살을 쏜다.

라마의 삶
악마 왕을 무찔러야 하는 운명을 타고나다

③ 비슈누
⑩ 라마
⑪ 하누마트
⑲ 라바나

악마 왕 라바나는 큰 골칫거리였다. 라바나는 온갖 나쁜 짓을 저지르면서 오랫동안 신들과 싸워 왔다. 비슈누 신은 참을 만큼 참다가 더는 참을 수 없어 라바나를 없애 버리기로 마음먹었다. 하지만 문제가 있었다. 라바나는 신이 아닌, 오직 인간에게만 죽을 수 있었기 때문이다. 그리하여 비슈누 신은 라바나를 죽일 수 있는 인간으로 태어나기로 결심했다.

비슈누는 다사라타 왕과 첫째 부인의 맏아들 라마로 태어났다. 다시 말해 영원히 살지 못하고 언젠가는 죽어야 하는 인간으로 세상에 온 것이다. 라마는 훌륭하게 자라났다. 비슈누의 화신으로 태어났지만 자신이 라바나를 죽여야 하는 운명을 타고났다는 사실을 전혀 알지 못한 채 말이다. 라마와 그의 형제들은 나라를 다스리는 법과 전쟁에 나가 싸우거나 전차를 타는 기술 그리고 시를 짓는 법 등을 배웠다. 그 밖에 당시 왕자들이 마땅히 배워야 할 지식들을 익히면서 어린 시절을 보냈다. 이는 훗날 라마와 형제들에게 큰 도움이 되었다. 또한 시간이 흐르면서 라마가 특별한 재능을 가졌다는 사실도 세상에 널리 알려지게 되었다.

어느새 청년으로 성장한 라마는 시타라는 여성과 사랑에 빠졌다. 시타의 아버지인 자나카 왕은 라마를 시험하려고 아무도 들지 못할 정도로 무거운 활을 쏴 보라고 했다. 라마는 거뜬히 활을 들어 시위를 당겼을 뿐만 아니라 어찌나 힘이 센지 시위가 끊어지기까지 했다. 자나카 왕은 그 모습을 지켜보고는 아주 흡족해하며, 라마와 시타의 결혼을 허락했다.

어느 날, 다사라타 왕이 자신의 뒤를 이어 왕위에 오를 후계자를 라마로 삼겠다고 밝혔다. 왕의 둘째 부인이 그 사실을 알고 매우 화를 냈다. 자신의 아들인 바라타가 왕이 되기를 바랐기 때문이다. 그리하여 다사라타 왕을 찾아가 예전에 했던 약속을 들먹이면서 라마와 시타, 심지어는 어린 남동생인 라크슈마나까지 14년 동안 숲으로 추방시키라고 요구했다. 다사라타 왕은 둘째 부인의 뜻대로 하고 싶지 않았지만, 자신의 이름을 걸고 한 약속이었기 때문에 꼭 지켜야 했다. 라마 역시 아버지를 존중했기에 왕으로서 명예를 지켜 주고 싶었다. 그래서 라마는 억울하다고 하소연하지도, 화가 나서 불만을 터뜨리지도 않았다. 그저 아무 말 없이 숲으로 들어갔다.

다사라타 왕은 큰아들을 떠나보낸 뒤 크나큰 슬픔에 잠긴 나머지 얼마 지나지 않아 세상을 떠나고 말았다. 뒤이어 왕위에 오른 바라타는 자신의 어머니가 한 행동이 부끄럽고 창피했다. 그래서 라마의 신발을 왕좌 위에 올려 두고는, 라마가 다시 돌아올 때까지만 형을 대신해 나라를 통치하기로 마음먹었다.

라마와 시타 그리고 라크슈마나는 숲에서 행복하게 살았다. 하지만 13년째가 되던 해, 악마 라바나가 추악한 고개를 들어 본색을 드러냈다. 라바나는 열 개의 머리를 가진 흉측한 악마였으니, 정확하게 말하면 고개들을 들었다고 해야 할 것이다. 어쨌건 라바나는 두 형제가 사냥 나간 틈을 타서 시타를 납치해 자신의 왕국으로 끌고 갔다.

사냥에서 돌아온 두 형제는 시타가 사라졌다는 사실을 알아차렸다. 하지만 시타가 어디로 사라졌는지 알 도리가 없었다. 시타를 찾아 헤매다가 원숭이 신 하누마트를 만나 그의 도움을 받았다. 하누마트는 시타가 랑카라는 외딴섬에 있는 악마 왕의 집에 붙잡혀 있다는 사실을 알아냈다.

라마와 하누마트는 어떻게 그 멀고 먼 곳까지 갈 수 있었을까. 거대한 바다가 앞을 가로막고 있는 데다 더욱이 둘에게는 악마 왕의 섬으로 타고 들어갈 배조차도 없었다. 영리하게도 하누마트의 원숭이 군대에 해결책이 있었다. 물에 뜨는 마법의 돌로 다리를 만들어 모두 바다를 건너 랑카 섬에 다다를 수 있었던 것이다. 그리고 드디어 라마 일행은 그곳에서 그들을 기다리고 있는 라바나를 만났다.

악마 군대와 원숭이 군대 사이에 피 튀기는 전쟁이 시작되었고, 양쪽 모두 수많은 전사들이 죽거나 부상당했다. 결국 라마는 라바나와 일대일로 대결을 벌이게 되었고, 비슈누의 계획대로 라바나를 죽였다. 그렇게 전쟁은 끝이 났고, 시타의 목숨도 구하게 되었다.

라마는 아내 시타와 형제, 친구들과 함께 자신의 왕국으로 돌아갔다. 그리고 그곳에서 왕으로서 지혜롭게 정의를 실현하며 천 년이 넘도록 나라를 다스렸다.

세계 신화 이모저모

하누마트의 역할은 위대한 지도자, 전사, 시인 그리고 음악가로 끝나지 않았다. 어디서든 초자연적인 힘을 쓸 수 있었다.

하누마트의 능력

- 믿을 수 없을 만큼 작아지기
- 믿을 수 없을 만큼 커지기
- 깃털처럼 가벼워지기
- 온 우주보다도 더 무거워지기
- 누구도 보지 못하게 투명해지기
- 필요한 것은 무엇이든 찾아내기
- 어떤 장소로든 들어가기
- 세상 모든 것들을 다루어 부리기

③ 비슈누
⑩ 라마
⑱ 크리슈나

10. 칼키
비슈누의 마지막 화신으로 백마 탄 전사의 모습이다. 오늘날의 시대가 끝날 무렵에 나타날 것이다.

1. 마츠야
반은 사람, 반은 물고기의 모습이다. 첫 번째 인류인 마누를 대홍수에서 구해 냈다.

2. 쿠르마
가라앉을 위기에 처한 산을 등으로 받치고 있는 거대한 거북이다.

9. 발라라마
크리슈나의 형으로, 강인하고 위대한 전사이다.

비슈누의 화신들
인간 세상으로 내려온 신

힌두 사람들은 우주가 창조되고 파괴되는 순환을 거칠 때마다 언제가 되었든 반드시 한 번은 비슈누가 인간의 모습을 하고 문제를 해결하기 위해 인간 세상으로 내려올 거라고 믿는다. 이때 비슈누의 모습을 '화신' 또는 '아바타라'라고 부른다. 그 가운데 가장 유명한 화신들을 소개한다.

3. 바라하
악마를 죽이고 인간 세상을 구한 멧돼지이다.

8. 크리슈나
어렸을 때부터 기적을 보이며 못된 악마들과 맞서 싸웠다. 굳세고 현명한 왕이다.

4. 나라심하
악마 왕을 무찌른 반인반수로, 머리는 사자이고 몸은 사람이다.

7. 라마
악마 라바나를 죽인 영웅으로, 지혜롭고 힘이 넘친다.

6. 파라슈라마
도끼를 휘둘러 악마 통치자를 물리친 용감한 남자이다.

5. 바마나
악마와의 흥정에서 이겨 우주 전체를 다스린 난쟁이이다.

신들의 세계를 구한 두르가
호랑이를 타고 등장한 전사 여신의 활약

- ③ 비슈누
- ④ 시바
- ㉒ 두르가
- ㉔ 브라흐마

신들은 당장 해결해야 할 심각한 문제가 있었다. 마히사라는 힘센 악마가 하늘 세계로 쳐들어와 모든 신들과의 싸움에서 이기고는 신들을 하늘 밖으로 쫓아냈기 때문이다. 마히사는 어떤 모습으로도 변신할 수 있고 천하무적이어서, 어느 누구도 마히사를 무찌를 수 없었다.

브라흐마와 비슈누 그리고 시바는 자신들이 하늘에서 쫓겨났다는 사실이 믿기지 않았다. 그래서 셋은 계획을 세우고는 자신들의 능력과 추방당한 다른 모든 신들의 힘을 합쳐서 여성 전사인 두르가를 탄생시켰다. 마히사는 세상의 어떤 남자도 절대 무찌를 수 없는 존재였지만 여자라면 어떨까. 이제껏 어느 누구도 여성 전사가 마히사를 무찌를 수 있을지에 대해 이야기한 적이 없었다.

두르가는 어마어마한 능력을 가지고 있었다. 힘센 열 개의 팔마다 각각 강력한 무기들을 하나씩 들었고, 커다란 호랑이를 타고 다니면서 어떤 남자보다도 잘 싸웠다. 두르가는 한시라도 빨리 마히사를 해치우기 위해 자신의 호랑이를 타고 곧장 하늘로 올라갔다.

하늘에 도착한 두르가는 누구든 자신과 싸워 이긴다면 그와 결혼할 것이라고 하면서 악마를 꼬드겼다. 마히사는 아름답고 매력적인 두르가의 모습에 반해 그녀와 반드시 결혼하겠다고 마음먹었다. 하지만 두르가를 무찌르는 것이 그토록 힘들지 일찍이 상상조차 못했을 것이다. 마히사는 자신의 부하들을 내보내 두르가와 싸우도록 했다. 두르가는 마히사의 부하들을 철퇴로 내리치거나 칼로 베어 버리기도 하고, 기다란 창으로 꼬치 꿰듯 찌르기도 하면서 하나씩 차례로 물리쳤다.

마히사는 그제야 두르가가 생각보다 훨씬 무찌르기 어려운 상대라는 사실을 깨닫고는 자신의 군대 전체를 내보냈다. 하지만 두르가는 땀 한 방울 흘리지 않고 마히사의 군대를 완전히 무너뜨렸다.

마히사는 이제 더는 어쩔 도리가 없어 두르가와 직접 일대일로 대결을 벌였다. 마히사는 몇 번이나 모습을 바꾸며 사자가 되었다가 코끼리도 되었다가 급기야 사람이 되기도 했다. 그럼에도 두르가는 그들을 모두 거침없이 무찔렀다. 마침내 마히사는 자신의 가장 강한 모습, 즉 위는 거인이고 아래는 물소인 형상으로 변신했다. 둘은 오랫동안 맹렬하게 싸웠지만 두르가의 능력이 너무나 막강해 대세가 점점 기울기 시작했다. 두르가는 마침내 마히사의 머리를 쪼개 버렸고, 그것으로 전쟁은 끝이 났다.

신들이 다시 하늘 세계로 돌아왔다. 전쟁으로 엉망진창이 되긴 했어도 신들은 두르가가 못된 악마로부터 자신들의 집을 구해 준 것에 진심으로 감사했다. 그러면서도 한편으로는 신들 또한 두르가를 조금은 두려워했을 것이다.

힌두
상상 속 동식물과 문화유산

③ 비슈누
⑯ 바루나
⑱ 크리슈나

드바라팔라

비슈누의 궁을 지키는 주된 전사이자, 수문신이다. 전사들의 생김새가 어찌나 무시무시한지 어느 누구도 그 모습을 마주하고 싶어 하지 않을 정도이다. 인도에서 중국에 이르기까지 아시아 전역 모든 사원 입구에 이 조각상이 세워져 있다.

칼리야

천 개의 머리를 가진 거대한 뱀이다. 야무나강에 살면서 강물에 독을 풀어, 그 물을 마시는 사람들을 모두 죽였다. 이 사실을 알게 된 크리슈나가 칼리야의 머리들 위에서 춤추다가 칼리야를 단숨에 제압했다. 그러고는 칼리야를 강에서 내쫓았다.

소마

힌두 신에게 불멸의 힘을 주는 음료이다. 신들은 틈만 나면 소마를 훔쳐 가려는 악마나 다른 여러 무리들과 싸워야 했다.

카우모다키

강물과 바닷물의 신인 바루나가 비슈누에게 준 강력한 철퇴이다. 어마어마한 힘을 지닌 무기로, 비슈누가 악마들을 후려칠 때 아주 쓸모 있게 사용되었다.

폴리네시아 신화

달걀의 폭발, 하늘과 땅을 떼어 놓은 신 그리고 몰아치는 폭풍우

폴리네시아 사람들은 어릴 때부터 바다와 폭풍 그리고 화산들과도 함께 어울려 살아야 한다고 배워 왔다. 그러고 보면 폴리네시아 신화 대부분이 자연과 관련되어 있다는 사실은 그리 놀랄 일이 아니다. 폴리네시아의 몇몇 특정한 신화와 신 들이 자주 등장한다 해도, 각각의 문화에는 고유의 독특한 특징들이 있다. 또한 어떻게 해서 세상이 탄생하게 되었는지에 대해서도 각각의 문화마다 다양한 생각들이 있다.

하와이 신화에서는 카네, 로노, 쿠 이렇게 세 명의 신이 세상의 모든 것을 창조했다고 나온다. 그리고 사모아 신화에서는 달걀에서 세상이 시작되었다고 전해진다. 달걀 안에 타갈로아라는 신이 웅크리고 있었는데 타갈로아가 버럭 소리를 지르자 달걀이 폭발해 껍데기가 터졌다. 그 조각조각들이 바다를 가로질러 흩어져 폴리네시아 섬들이 되었다는 것이다.

가장 많이 알려진 마오리 부족의 창조 신화 가운데 하나는 서로를 꼭 끌어안고 놓지 않는 땅의 여신 파파와 하늘의 신 랑기에 대한 이야기이다. 어둠이 가득한 세상에서 아내 파파와 남편 랑기가 너무 꼭 붙어 있자 하늘과 땅 사이에 꽉 끼어 버린 자식들이 오도 가도 못하게 되었다. 모두들 둘을 떼어 놓아야 할지 결정을 내리지 못하고 있자 아들 타네가 땅에 누워서 두 발로 하늘을 번쩍 밀어 올려 어머니와 아버지를 떨어뜨렸다. 랑기는 파파와 헤어지자 너무 슬픈 나머지 눈물이 강과 바다를 이룰 정도로 펑펑 울었다. 타네의 형제이자 폭풍의 왕인 타휘리도 자신의 부모가 그렇게 헤어진 일이 영 마음에 들지 않았다. 그래서 지금까지도 타휘리는 화가 풀리지 않아 비바람이 치는 궂은 날씨로 폴리네시아 사람들을 계속 벌주고 있다.

폴리네시아 세계의 지도

폴리네시아 신화에는 많은 세계관들이 담겨 있고, 바다와 물 그리고 섬을 특징으로 삼고 있다. 다음 장의 지도에서는 두 다리로 하늘을 밀어 올려 자신의 부모를 서로 떼어 놓은 타네의 마오리 세계와 하와이 그리고 사모아 세계까지 한눈에 살펴볼 수 있다.

어디일까요? 폴리네시아 사람들은 정말 대단한 뱃사람들이다. 배를 타고 태평양을 가로질러 가는 과정에서 남쪽의 뉴질랜드부터 통가와 사모아 그리고 북쪽의 하와이와 타히티섬을 거쳐 동쪽의 이스터섬에 이르기까지, 가는 길에 퍼져 있는 많은 섬들에 정착했다.

폴리네시아 세계

성난 폭풍우, 친절한 상어, 강인한 전사
그리고 불과 화산들을 한 폭에 담은 특별한 신들에 관한 지도

*괄호 속 이름은 소속된 부족의 무리를 표시한다.

❺ 롱고 (마오리 부족)
농경의 신, 특히 고구마의 신이다. 폴리네시아 사람들은 고구마를 아주 좋아하기 때문에 가장 인기 있는 신이기도 하다.

❻ 타네 (마오리 부족)
숲과 나무들의 신이며, 새들은 타네의 자식이다. 물고기들 역시 타네의 자식으로 타네와 함께 숲에서 지내다가, 타네의 형제인 타휘리에게 쫓겨나 바다에서 살게 되었다.

❶ 마후이카와 아우아히투로아 (마오리 부족)
불의 여신 마후이카와 혜성의 신인 아우아히투로아이다. 둘은 부부 사이이며, 남편인 아우아히투로아 역시 모든 불의 바탕이다. 둘 사이에 다섯 명의 아이가 있는데 모두 인간의 다섯 손가락 이름을 따서 붙였다.

❸ 타휘리 (마오리 부족)
사나운 폭풍우의 왕이자, 파파와 랑기의 자식들 가운데 부모를 서로 떼어 놓는 일에 반대했던 유일한 아들이다. 가쁜 숨을 몰아쉬고 숲과 바다로 비바람을 훅훅 불어 대면서 자기 형제들의 화를 돋우는 데 많은 시간을 쏟는다.

❼ 마우이 (폴리네시아 모든 지역)
폴리네시아의 모든 사람들이 숭배하는 훌륭한 영웅이자 신이다. 아주 영리하고, 모든 종류의 새로 모습을 바꿀 수 있으며, 그 밖에도 많은 기적을 행한다. 예를 들어 태양을 붙잡아 천천히 움직이게 하여 하루가 더 길어지게 했다. 그러면 사람들이 좀 더 오랜 시간 동안 일을 할 수 있기 때문이다. 물론 이것이 잘한 일인지는 누구도 확신할 수 없다.

❷ 우에누쿠 (마오리 부족)
무지개의 신이다. 엷게 낀 안개의 모습을 한 여자와 사랑에 빠져 아침마다 안개가 사라지면, 너무나 슬퍼했다. 랑기가 우에누쿠를 무지개로 바꿔 주자 둘은 하늘에서 부부가 되어 함께 살게 되었다.

❹ 휘로 (마오리 부족)
아주 사악한 어둠의 신이다. 사람들끼리 나쁜 일을 벌이도록 부추기고 죽은 사람들의 몸뚱이를 먹는다. 또 끊임없이 자신의 형제인 타네와 싸운다.

❽ 히네누이테포 (마오리 부족)
히네아후오네와 타네의 딸이다. 타네가 자신의 아버지라는 것을 알지 못하고 그와 결혼했다. 뒤늦게 사실을 알게 되자 지하 저승 세계로 도망가 그곳에서 죽음의 여신이 되었다.

⑨ **투 (마오리 부족)**
전쟁, 사냥, 낚시 그리고 요리의 신이다. 랑기와 파파를 억지로 떨어뜨려 놓지 말고 차라리 죽이기를 바랐다. 새와 물고기 등 자신의 조카(자기 형제들의 자식)들을 사냥해서, 자기 자식인 인간에게 음식으로 주었다.

⑩ **풍가 (마오리 부족)**
타갈로아의 아들이자 상어, 도마뱀, 토시소녀가오리 같은 동물들의 조상이다. 자식 둘 가운데 하나는 숲에 살면서 파충류의 아버지가, 다른 하나는 바다로 가서 물고기의 아버지가 되었다.

⑪ **파파 (마오리 부족)**
세상 모든 것의 어머니이자 땅의 여신이다. 남편이면서 하늘의 신인 랑기와 너무 꼭 껴안고 있었던 탓에 둘 사이에 존재하는 모든 것들을 찌부러뜨렸다. 아들 타네가 파파와 랑기를 억지로 떨어뜨려 놓은 뒤로, 파파는 땅이 되어 세상을 더욱 풍요롭고 흥하게 했다. 하지만 파파는 지금도 랑기를 그리워한다.

⑫ **랑기 (마오리 부족)**
세상 모든 것의 아버지이다. 아내와 강제로 떨어져 지낸 뒤로 하늘이 되었다. 별들과 태양 그리고 달을 옷으로 입는다.

⑬ **카네 (하와이 부족)**
천둥과 번개의 신이다. 형제인 로노 그리고 쿠와 힘을 모아 세상과 그곳에 살 사람들을 창조했다. 하와이 하늘을 떠다니는 아름다운 섬에 산다.

⑭ **타갈로아 (사모아 부족)**
사모아 부족을 비롯한 다른 부족에게는 세상 모든 것을 창조한 신으로, 마오리 부족에게는 바다의 신으로 알려져 있다. 때때로 고래의 모습으로 다니기도 한다. 타갈로아에게는 파충류 자손들이 있는데, 타네가 그들을 자신의 숲에 살게 하자 타갈로아가 몹시 노여워했다.

⑮ **펠레 (하와이 부족)**
불과 화산의 여신으로, 하와이의 모든 섬에 불 뿜는 분화구와 화산 들을 퍼뜨렸다. 꽤나 성깔이 있어서, 한때 부부였던 카마푸아아나 자신의 형제자매와 늘 싸움을 벌이곤 한다.

⑯ **카마푸아아 (하와이 부족)**
거대한 야생 멧돼지 신이다. 주둥이로 바다의 밑바닥에서 땅을 밀어 올려 사람들의 터전을 마련해 주었다. 한때 펠레와 결혼했다.

⑰ **로노 (하와이 부족)**
풍요와 수확의 신으로 땅을 창조했고, 그 땅에서 인간이 탄생했다. 형제인 쿠는 인간의 몸을 조각했고, 카네는 인간에게 생명을 불어넣었다.

⑱ **카날로아 (하와이 부족)**
창조와 마법의 신으로, 거대한 오징어의 모습으로 다니길 좋아한다. 다른 신들에게 반항하다 지하 저승 세계로 쫓겨났다.

⑲ **히네아후오네 (마오리 부족)**
타네가 붉은 흙으로 빚은 소녀이자 최초의 인간이다. 파파에게 청혼을 거절당하자 타네는 히네아후오네를 아내로 삼았다. 둘의 딸인 히네누이테포는 죽음의 여신이 될 것다.

⑳ **쿠 (하와이 부족)**
세상을 창조하는 데 힘을 쏟았지만 인간의 탄생에는 관여하지 않았다. 또한 전쟁의 신으로, 전투에서 자신이 죽였던 사람과 신 그리고 악마의 영혼이 깃든 괴력의 쇠망치를 두른다.

㉑ **카모호알리이 (하와이 부족)**
어떤 물고기로든 모습을 바꿀 수 있는 상어 신이다. 하와이의 섬들을 지켜 주고, 어부를 풍랑에서 보호하며, 어선이 길을 잃었을 때 안전한 곳까지 안내한다.

㉒ **하우메아 (하와이 부족)**
하와이의 많은 신과 섬 들을 품은 어머니이자 출산과 풍요의 여신이다. 젊거나 나이 든 모습으로 나타나고, 물고기들을 끌어모으는 마법 지팡이를 가지고 있다.

마우이의 훌륭한 업적들
작고 약한 아이가 폴리네시아를 세우기까지

마우이는 폴리네시아에서 아주 인기 있는 신이어서 그에 관한 신화는 폴리네시아 모든 지역에서 전해지고 있다. 힘세고 영리하며 유쾌할 뿐만 아니라 떠들썩하기까지 한 성격으로 영웅이라 할 만한 많은 특성들을 지니고 있다.

마우이는 어머니의 배 속에서 너무 일찍 태어나 몸이 허약했다. 어머니는 마우이가 곧 죽을 것이라고 여겨 바다에 던져 버렸지만, 다행히 할머니에게 구조되어 그 뒤로 튼튼하고 강인하게 자라났다. 어떤 신화에서는 할머니가 아니라 태양이 마우이를 구했다고도 한다. 마우이는 무럭무럭 성장하면서 세상 모든 종류의 생명체들로 모습을 바꾸는 방법에 대해 배웠다. 그 가운데 특히 새로 변신한 모습을 좋아했다.

할머니가 돌아가시고 난 뒤, 마우이는 사랑하는 할머니의 턱뼈를 무기로 사용했는데 그 무기로 놀랄 만큼 많은 일들을 해냈다.

어느 날, 형제들이 마우이더러 그리 대단한 어부가 아니라고 얕잡아 말하자 마우이는 그들의 생각이 잘못되었다는 사실을 증명하기로 결심했다. 그리고 드디어 형제들과 함께 물고기를 잡으러 배를 몰고 먼바다로 나가게 되자 마우이는 때가 왔다고 여겼다. 형제들은 물고기를 많이 잡아 올리자 꽤나 의기양양하게 으스댔다. 이제 마우이의 차례가 되었다. 마우이는 할머니의 턱뼈를 낚싯바늘로 써서, 형제들이 이제껏 보아 온 가운데 가장 커다란 물고기를 낚았다.

마우이는 한참이나 힘겨루기를 한 끝에 거대한 물고기를 물 위로 끌어 올렸다. 형제들은 깜짝 놀란 얼굴로 그 모습을 지켜보다 곧 너나없이 물고기를 향해 달려들기 시작했다. 자기들끼리 칼을 휘두르면서 서로 싸우는 바람에 물고기의 거죽에 수많은 칼자국이 생겨났다. 그리하여 거대한 물고기의 몸은 뉴질랜드의 북쪽 섬이 되었고, 형제들이 여기저기 낸 칼자국은 골짜기들이, 마우이의 배는 남쪽 섬이 되었다. 이러한 방법으로 마우이는 수많은 폴리네시아의 섬들을 바다 위로 낚아 올렸다.

그 뒤로도 마우이는 수많은 모험을 겪었다. 무시무시한 불의 여신 다후이카에게서 불을 훔쳐 내 인간에게 전해 주고 할머니의 턱뼈를 다시금 사용해서 태양을 사로잡기도 했다. 태양이 움직이는 속도를 늦추면 낮 시간이 길어질 테니 사람들이 좀 더 오랫동안 일할 수 있을 거라 여긴 것이다. 또한 인간 세상에 최초로 코코넛 열매를 선물했다. 거대하고 끈적끈적한 장어의 머리를 잘라 땅에 묻었더니 그곳에서 싹이 트고 코코넛 나무가 자랐다고 한다.

펠레 여신의 화산에 얽힌 전설
화산에 집을 짓고 멧돼지 남편과 결혼하다

하와이 사람들은 펠레를 불과 화산의 여신으로 숭배하고 있다. 하지만 사실 펠레는 하와이에서 태어나지 않았다.
펠레가 형제자매들과 너무 자주 싸우자, 펠레 아버지가 보다 못해 딸을 멀리 떠나보낸 것이다.
펠레는 살 곳을 찾아 여행하다 하와이를 발견했다.

15 펠레
16 카마푸아아
31 카모호알리이

펠레는 하와이 다도해에 다다르자 드디어 평화롭고 조용하게 살 곳을 찾았다고 생각했다. 하지만 자매인 나마카가 펠레를 쫓아와 거의 죽음 직전으로 몰아넣을 만큼 공격했다. 펠레는 하와이 섬들을 가로질러 도망쳤는데, 드문드문 멈춰 서는 걸음마다 화산이 생겨났다. 마침내 펠레는 킬라우에아 화산에 궁전을 지어 정착했다. 폴리네시아 사람들은 이 이야기를 두고, 지금도 펠레가 그곳에 살고 있다고 여긴다.

펠레는 화산에 정착한 뒤로도 여전히 성질이 고약했다. 펠레 아버지는 항상 문제를 일으키고 싸움을 거는 딸에게 점점 지쳐 갔다. 그래서 사람이든 신이든 결혼을 하면 예전보다 점잖고 어른스러워질 것이라 여겨 펠레를 멧돼지 신인 카마푸아아와 결혼시키기로 결심했다.

펠레는 멧돼지와 결혼한다고 생각하니 너무 슬펐다. 본디 누가 시키는 대로 따르는 성격도 아니었지만, 무엇보다 멧돼지와는 절대 결혼하고 싶지 않았다. 펠레는 끙끙 앓다가 자신의 형제인 카모호알리이에게로 몰래 도망쳤다. 여러 신들이 오랜 논쟁 끝에 펠레를 숨겨 주지 말라고 카모호알리이를 설득했다. 예비 신랑인 카마푸아아도 펠레를 직접 만나러 찾아왔다.

펠레는 카마푸아아를 만나자마자 생각할 것도 없이 대뜸 공격하기 시작했다. 난폭하기가 둘째가라면 서러울 카마푸아아도 화산의 여신이 터뜨리는 흉포함에 감히 견출 순 없었다. 주변의 모든 섬들에 분노의 흔적을 남길 정도로 큰 싸움이 나자, 이를 지켜보던 신들이 카마푸아아를 도와주었고, 펠레를 진정시켜 간신히 싸움이 멈추었다.

펠레는 있는 대로 성질을 부리고 나서야 조금씩 차분해졌다. 마음이 누그러지자 처음으로 예비 신랑의 얼굴을 자세히 바라보았다. 뜻밖에도 그리 나쁜 인상은 아니라고 생각했다. 카마푸아아도 펠레가 점점 자신을 마음에 들어 한다는 것을 깨달았고, 둘은 이내 사랑에 빠져 결혼하게 되었다.

폴리네시아
상상 속 동식물과 문화유산

포우아카이

포우아카이- 내는 시끄럽고 날카로운 울음소리를 듣는 순간, 너무 무서워 자리에서 꼼짝도 못한다는 신화 속 거대한 새이다. 더욱 섬뜩한 사실은 사람들을 살살 꾀어내 둥지로 데리고 가서 산 채로 잡아먹는다는 것이다.

메네후네

오랫동안 사람의 발길이 끊긴 숲속에 사는 난쟁이 요정들이다. 집과 다리에서 연못과 도로에 이르기까지, 세상의 모든 구조물을 뚝딱뚝딱 지을 정도로 뛰어난 재주를 가졌다. 바나나와 물고기를 잘 먹는다고 전해진다.

타니화

깊은 강이나 웅덩이 또는 바다의 거센 물살 등 위험천만한 물속에 사는 괴물이다. 바다에서 살 때는 상어나 고래만큼 몸집이 커지기도 하고, 맑은 물에 살 때는 도마뱀의 모습을 하는 등 상황에 따라 여러 가지로 모습을 바꾼다. 사람을 해치기도 하지만, 특정한 장소나 부족의 신성한 수호자이기도 하다.

마나이아

인간 세상과 영혼의 세계를 오가며 전달자 역할을 한다. 사람의 몸에 물고기의 꼬리 그리고 새의 머리를 한 모습이다.

66

아일랜드 신화

왔노라, 싸웠노라, 정복했노라

한때 로마 제국이 유럽과 지중해를 넘어 북아프리카와 페르시아, 이집트를 정복하고 지배했지만 아일랜드까지 쳐들어가지는 못했다. 그럼에도 아일랜드 신화에는 침략에 대한 두려움이 곳곳에 드러난다. 또한 먼 곳에 살던 이방인들이 어떻게 아일랜드로 항해해 왔는지 그리고 어떤 방식으로 아일랜드의 여러 지역을 점령하고 영향을 주었는지 살펴볼 수 있다. 전쟁에서 승리한 이들이 본디 살고 있던 아일랜드 사람들을 밖으로 쫓아내기도 했지만, 때로는 서로 평화를 유지하며 함께 땅을 일구고 살아가기도 했다.

아일랜드 땅을 침범한 무리들은 어떤 모습이었을까. 어마어마한 몸집의 거인, 다리가 하나뿐인 사람 그리고 마법의 창조물을 지닌 힘센 전사 등 신적인 존재들도 있었다. 반면 전투에 나가 싸우거나 아일랜드를 두루 여행하고 결혼해 아이를 가진 영웅처럼 평범한 인간들도 있었다.

아일랜드 신화와 전설은 켈트 신화 가운데 그나마 잘 보존되어 온 축에 속한다. 한동안 아일랜드의 문화와 전통이 외부의 영향을 거의 받지 않은 상태로 흘러왔기 때문이다. 7세기에 접어들어 기독교가 널리 퍼지고 옛날이야기들이 글로 기록되기 전까지 말이다.

아일랜드 세계의 지도

아일랜드 신화는 사람이나 지리 그리고 기후 등 아일랜드의 독특한 생태와 문화를 바탕으로 전해진다. 북아일랜드 연안에 있는 거인의 둑길이라 불리는 자이언츠코즈웨이나 침략자들에게서 섬을 지켜 낸 짙은 바다 안개처럼 실제로 존재하는 장소 혹은 자연 현상에 얽힌 신성하고 신비로운 이야기들인 것이다. 이렇듯 마법의 기운과 초자연적인 존재들로 가득한 아일랜드에서는 젊음의 땅으로 알려진 티르나노그로 갈 수도, 밴시라는 요정 무리를 만날 수도 있다.

오래전 아일랜드에 정착한 피르 볼그 사람들이 나라를 크게 다섯 지역으로 나누었다. 이를 기준으로 여러 지역과 장소 들이 신화와 전설에서 그려졌고, 오늘날까지 계속 전해지고 있다.

어디일까요? 아일랜드 신화는 켈트 문화의 일부이다. 켈트 부족은 소아시아에서 지금의 이탈리아, 스페인, 독일, 프랑스 그리고 영국 등 서유럽 전체로 퍼져 나갔다.

25 쿠 훌린
아일랜드의 영웅들 가운데 가장 위대한 인물이다. 셀 수 없이 많은 모험을 통해 괴물들과 막강한 군대를 모조리 무찔렀다. 또한 다른 세계로 여행을 다녀오기도 했다.

26 오신
핀 맥쿨의 아들로, 위대한 전사이자 시인이다. 여신 니브와 함께 살기 위해 티르나노그라는 땅으로 갔다. 티르나노그에서 3년의 세월을 보내고 아일랜드로 다시 돌아왔을 때 아일랜드에서는 300년이 지나 있었다.

27 티르나노그
항상 청춘을 유지할 수 있어서 젊음의 땅이라 불린다. 밀레시안에게 패배한 뒤, 투아하 데 다난 사람들이 후퇴했던 신비로운 장소이다.

28 에흐누 (포모레)
아버지 발로르의 저주로 높은 탑에 갇히게 된다. 어느 날 탑에 숨어든 투아하 데 다난의 젊은이와 사랑에 빠져 세 명의 아이를 낳았다. 자식들 가운데 한 명이 루그이다.

23 리르의 자식들 (투아하 데 다난)
못된 새어머니의 저주로 백조가 되어 살아야 했다. 인간처럼 말하고 듣는 능력은 그대로 갖고 있기 때문에 하늘을 날아다니며 세상에서 걸어지는 일들에 귀 기울인다. 그리하여 아일랜드에 관한 모든 이야기를 알고 있다.

24 케흘렌 (포모레)
발로르의 아내로 미래를 보는 능력이 있다. 자신의 남편이 훗날 전쟁에서 손자에게 죽음을 맞이할 것이라고 예언했다.

22 리르 (투아하 데 다난)
아일랜드 신화에는 리르라는 이름이 자주 등장한다. 그림 속 리르는 바다의 신이다. 고약한 심보를 가진 아내는 리르가 첫 번째 결혼에서 얻은 아이들에게 900년 동안 백조로 살아야 하는 저주를 내렸다. 리르는 그 사실을 알고 너무 화가 난 나머지 아내를 바람의 정령으로 만들어 버렸다.

21 돈 (밀레시안)
오늘날 아일랜드 사람들의 조상이며 죽음의 신이기도 하다. 사람이 죽으면 다른 세계로 이동하기 전까지 모두 돈의 집에서 기다린다.

20 비로그 (투아하 데 다난)
여자 드루이드이다. 드루이드는 켈트 문화에서 수도승이자 현인이며 치유 역할을 한다. 발로르가 높은 성탑에서 손자인 루그를 바닷속으로 던질 때 루그를 구해 주었다.

19 발로르 (포모레)
포모레의 왕으로, 자신의 무리에서 가장 힘이 세다. 눈이 하나밖에 없지만 크고 사악한 눈빛으로 한 번 쳐다보기만 해도 적군을 모조리 무찌를 수 있다. 훗날 손자에게 살해될 것이라는 예언을 듣고 자기 딸을 외딴 섬 안에 가둬 버릴 정도로 포악하고 비열한 성격이다. 그럼에도 딸 에흐누는 끝내 아들 루그를 낳았다.

18 글라스 기브넨
우유를 무한히 짜내는 아름다운 얼룩무늬의 초록색 소이다. 칼로르는 이 소를 훔쳐 간 뒤 투아하 데 다난과 끝없이 싸우게 된다.

17 루흐다, 크레드네, 게브네 (투아하 데 다난)
각각 목공과 세공 그리고 대장장이의 신들이다. 투아하 데 다난을 지키기 위해 셋이서 어마어마한 무기들을 만든다. 환대의 신이기도 한 게브네는 신들을 초대해 근사한 저녁 파티를 열어 주곤 한다.

16 에크네 (투아하 데 다난)
지식과 지혜의 신이다. 삼 형제의 아들이다.

15 오그마 (투아하 데 다난)
문학의 왕으로, 고대 아일랜드 알파벳인 오검문자를 발명했다. 또한 전쟁을 시작하기 전에 군대에 사기를 북돋아 주는 연설에도 능숙하다.

아일랜드 전쟁

정착하거나 내쫓겼던 이 땅의 조상들

케사르와 그 후손들
아일랜드 땅을 밟은 첫 번째 침략자들로, 케사르라는 여성과 그 후손들이라고 전해진다. 대홍수가 나서 모두 물에 빠져 죽기 전까지 아일랜드에서 살았다. 케사르의 남편만은 연어로 변신해 간신히 살아남았다.

파르홀론
대홍수 뒤 300년 동안 침략자가 단 한 명도 없다가 파르홀론이라는 우두머리가 사람들을 이끌고 아일랜드에 들어왔다. 땅을 경작하고 동물들을 길렀으며, 이 땅에서 처음으로 돌집을 짓고 법을 만들었다. 자신들과 비슷한 시기에 아일랜드 땅으로 들어온 포모레 사람들과 갈등을 벌인 일만 제외하면 파르홀론의 사회는 문제없이 잘 돌아가고 있었다. 그러다 갑자기 끔찍한 전염병이 돌기 시작해 모두 병에 걸려 죽고 말았다.

포모레
팔 하나에 다리가 하나밖에 없는 모습 또는 염소 머리를 가진 사람으로 그려진다. 때로는 거인으로 묘사되기도 한다. 하지만 포모레의 왕인 엘라하처럼 평범한 사람의 모습일 수도 있다. 포모레 사람들은 바다 깊은 곳에서 올라와 아일랜드에 정착했으며 난폭하여 다루기 힘들다고 알려져 있다. 파르홀론 사람들과 맞서 아일랜드에서 첫 번째 전쟁을 일으켰다. 그 뒤로 투아하 데 다난 사람들에게 패배하기 전까지 오랫동안 아일랜드에 머물렀다.

네메드와 사람들
파르홀론 모두를 죽음으로 몰아넣은 전염병이 지나가고 얼마 뒤, 네메드가 네 명의 아내 그리고 자신을 따르는 사람들과 함께 아일랜드에 들어왔다.
40척이 넘는 배들을 몰고 고향을 떠났지만, 몇 년이나 항해하는 동안 네메드의 배만 살아남아 아일랜드에 정착했다. 파르홀론 사람들처럼 땅을 경작했고 마을과 요새 들을 지었다. 포모레에 맞서 끊임없이 싸웠는데, 때로는 이기기도 하고 지기도 했다. 전쟁 끝에 네메드가 전사하자 포모레 사람들은 족장을 잃은 네메드 사람들을 노예로 삼았다. 네메드 사람들은 포모레에서 간신히 도망치는 데 성공해, 배를 타고 전 세계로 뿔뿔이 흩어졌다.

9	엘라하
10	루그
19	발로르
27	티르나노그

피르 볼그

아주 오랜 세월이 흐른 뒤, 피르 볼그라는 네메드의 후손들이 많은 배들을 몰고 무리 지어 아일랜드로 돌아왔다. 그전까지 오랫동안 건조하고 먼지투성이인 땅에서 살아왔다고 하는데, 그 땅이 그리스라고 전해지기도 한다. 피르 볼그 사람들은 아일랜드 섬을 다섯 지역으로 나누어, 법을 전파하고 평화로운 세상을 만들었다.

투아하 데 다난

어마어마한 힘과 마법이 깃든 수많은 물건들을 가진 무리로 아일랜드에서 신으로 숭배되고 있다. 피르 볼그 사람들이 아일랜드에 도착하고 대략 40년 뒤에 이곳에 정착했다. 엄청난 피해를 겪기는 했지만 피르 볼그와의 전쟁에서 승리해, 피르 볼그 무리를 내쫓고 아일랜드를 차지했다. 그럼에도 이 땅은 여전히 평화롭지 않았다. 포모레 사람들이 새로운 적이 되어 여러 차례의 격렬한 전쟁을 치렀기 때문이다. 훗날 투아하 데 다난의 루그가 포모레의 왕인 발로르를 죽인 뒤로 포모레 사람들은 이곳에서 영원히 쫓겨났다. 마침내 투아하 데 다난은 제대로 된 나라를 세웠다고 환호했지만, 그 시간도 그리 오래가진 못했다.

밀레시안

현재 아일랜드 사람들의 조상이라고 전해진다. 스페인의 군인으로, 밀레라는 이름을 가진 남자의 자손들이다. 밀레시안 사람들은 투아하 데 다난에게서 아일랜드를 빼앗기 위해 스페인에서 배를 몰고 왔다. 투아하 데 다난이 자신들의 모든 마법의 힘을 총동원해 적을 물리치는 바람에, 밀레시안은 모두 세 차례나 실패를 맛보았다. 그러나 결국 밀레시안 사람들이 승리하게 되자 두 무리는 합의에 이르렀다. 투아하 데 다난은 티르나노그를, 밀레시안 사람들은 아일랜드를 통치하기로 한 것이다.

쿠 훌린이라는 이름은 어떻게 생겨났을까?

(귀띔 : '쿠'로 시작하는 이름과 관계있다.)

쿠 훌린은 아일랜드의 가장 위대한 영웅 가운데 한 명이며 루그 신과 데크티네라는 여인 사이에서 태어났다.

쿠 훌린의 어릴 적 이름은 세탄타였다. 어느 날, 콘코바르 왕이 손자인 세탄타에게 부유한 대장장이 쿠울란이 여는 잔치에 함께 가자고 했다. 그러나 세탄타는 아일랜드에서 예로부터 전해 오는 야외 경기인 헐링 시합에 참가해야 한다고 했다. 그러면서 할아버지가 먼저 잔치에 가 있으면 시합이 끝나자마자 가겠다고 약속했다.

그런데 콘코바르 왕은 잔칫집에 도착한 뒤 쿠울란에게 손자가 올 거라는 말을 깜박했다. 그러는 바람에 쿠울란은 뒤늦게 잔치에 나타난 낯선 세탄타를 수상히 여겨 자신의 흉포한 감시견에게 공격하라고 명령했다. 하지만 세탄타는 놀랍게도 어마어마한 힘을 발휘해 개와 맞서 싸운 끝에 개를 죽이고 말았다.

쿠울란이 이 광경을 보고 크게 화를 내자 세탄타는 새로운 감시견을 구할 때까지 개를 대신해 쿠울란의 집 앞에서 보초를 서기로 약속했다. 그날로 세탄타는 '쿠울란의 사냥개'라는 뜻의 '쿠 훌린'으로 알려지기 시작했다.

그 일이 있고 얼마 지나지 않았을 때였다. 쿠 훌린의 선생님이 오늘은 상서로운 날이니 하루가 다 가기 전에 무기를 갖는 사람은 누구든 영원토록 영웅으로서 널리 알려져 기억될 것이지만, 그만큼 삶은 짧아질 것이라고 예언했다. 쿠 훌린은 이제 겨우 일곱 살이었지만 용감하게 무기를 갖고, 막강한 소년 전사로 이름을 날렸다. 하지만 안타깝게도 예언은 현실이 되었고, 쿠 훌린은 마법의 창에 찔려 전쟁터에서 죽음을 맞이하고 말았다.

세계 신화 이모저모

쿠 훌린은 전쟁터에서 부상당해 죽어 가면서도, 마지막까지 영웅으로서 용감한 모습을 보여 주기 위해 자신의 몸을 돌기둥에다 묶었다. 그리하여 당당하게 우뚝 선 채로 장렬하게 생을 마쳤다. 클로차파모어 clochafarmore라고 불리는 이 돌기둥은 오늘날 아일랜드의 북동쪽 노크브리지에 있다.

핀 맥쿨이 지은 거인의 둑길 '자이언츠코즈웨이'
진정한 거인은 누구일까?

핀 맥쿨 역시 아일랜드의 위대한 영웅이다. 어느 날, 핀 맥쿨은 아일랜드와 스코틀랜드 사이로 난 바다를 건너가기 위해 바다를 가로지르는 돌길을 짓기로 마음먹었다. 그리고 얼마 뒤 발이 젖지 않고도 바다를 건너갈 수 있는 거인의 둑길을 완성했다. 그때 스코틀랜드의 베난도너라는 거인이 아일랜드를 정복하려면 돌길을 건너야겠다면서 핀 맥쿨에게 결투를 신청했다.

핀은 용감할 뿐만 아니라 지혜로웠다. 그는 자신보다 몸집이 훨씬 큰 베난도너를 힘으로는 절대 이길 수 없다는 사실을 잘 알고 있었다. 그래서 애쓴 끝에 한 가지 꾀를 내었다. 핀 맥쿨은 아기로 모습을 바꾼 뒤, 자신의 아내에게 빵 반죽에 쇳조각을 조금 섞어 케이크를 구워 달라고 부탁했다.

마침내 베난도너가 핀 맥쿨의 집에 들어서자 아내는 남편이 밖에 나갔는데 잠시 뒤에 돌아올 거라고 했다. 그러고는 거인에게 케이크 몇 조각을 대접했다.

베난도너는 케이크를 덥석 받아 들고 한입 크게 베어 물었다. 우두둑! 케이크 속에 든 쇳조각을 씹는 바람에 베난도너의 이가 몇 개 부러졌다.

베난도너가 깜짝 놀라 주위를 쓱 둘러봤다. 그러자 한쪽에서 어떤 아기가 자기 것과 똑같은 케이크를 맛있게 먹고 있는 모습이 눈에 들어왔다. 무쇠 케이크를 저리도 아무렇지 않게 먹다니! 베난도너는 공포에 사로잡히기 시작했다. 아기가 저렇게 거대하고 강력한 이를 가졌으니, 아기 아버지는 얼마나 힘이 세고 막강할지 더럭 겁이 났던 것이다. 베난도너는 핀 맥쿨이 혹시 자신을 뒤쫓아 올까 봐 도망치는 걸음마다 둑길을 펑펑 부서뜨리면서 스코틀랜드로 다시 돌아갔다. 물론 아기로 변신한 핀 맥쿨이 먹던 케이크에는 쇳조각이 없었다는 사실을 전혀 눈치채지 못한 채로 말이다.

아일랜드
상상 속 동식물과 문화유산

- 7 다그다
- 10 루그
- 14 누아다
- 27 티르나노그

셀키

물범처럼 바닷속에서 사는 요정이다. 땅으로 잠깐 올라올 때는 물범 가죽을 벗고 사람이 된다. 때로는 사랑하는 연인을 만나 결혼하기도 하고, 결혼의 결실로 아이를 낳기도 하지만 셀키들은 바다 밖에서 영원히 살 수 없다. 뭍에서 지내고 얼마의 시간이 흐르면 다시 물범으로 모습을 바꾸어 바다로 돌아가야 한다.

투아하 데 다난의 보물들

투아하 데 다난 사람들은 마법이 깃든 물건들을 아일랜드에 가지고 왔다. 루그의 창은 한번 던지면 누구도 피할 수 없고, 누아다의 칼은 무엇이든 산산조각 낼 수 있다. 다그다의 가마솥을 열면 음식이 끝도 없이 나오고, 리어 팔이라는 돌은 대관식 때 진정한 아일랜드 왕을 판가름해 준다. 이 돌은 현재 아일랜드 미스주에 남아 있다.

밴시

여자의 모습을 한 정령으로, 여자 요정이라는 뜻이다. 대개는 늙고 초췌하며 무서워 보이지만 젊고 아름다운 모습으로 나타날 때도 있다. 혹시 고음으로 날카롭게 흐느끼는 밴시의 울음소리를 듣게 된다면, 머지않아 가족들 가운데 누군가가 죽을지도 모른다.

요정의 언덕

아일랜드 곳곳에서 찾아볼 수 있다. 언젠가 죽어야 하는 인간들의 세상과 요정들이 살고 있는 영원한 마법의 세계 티르나노그를 이어 주는 역할을 한다.

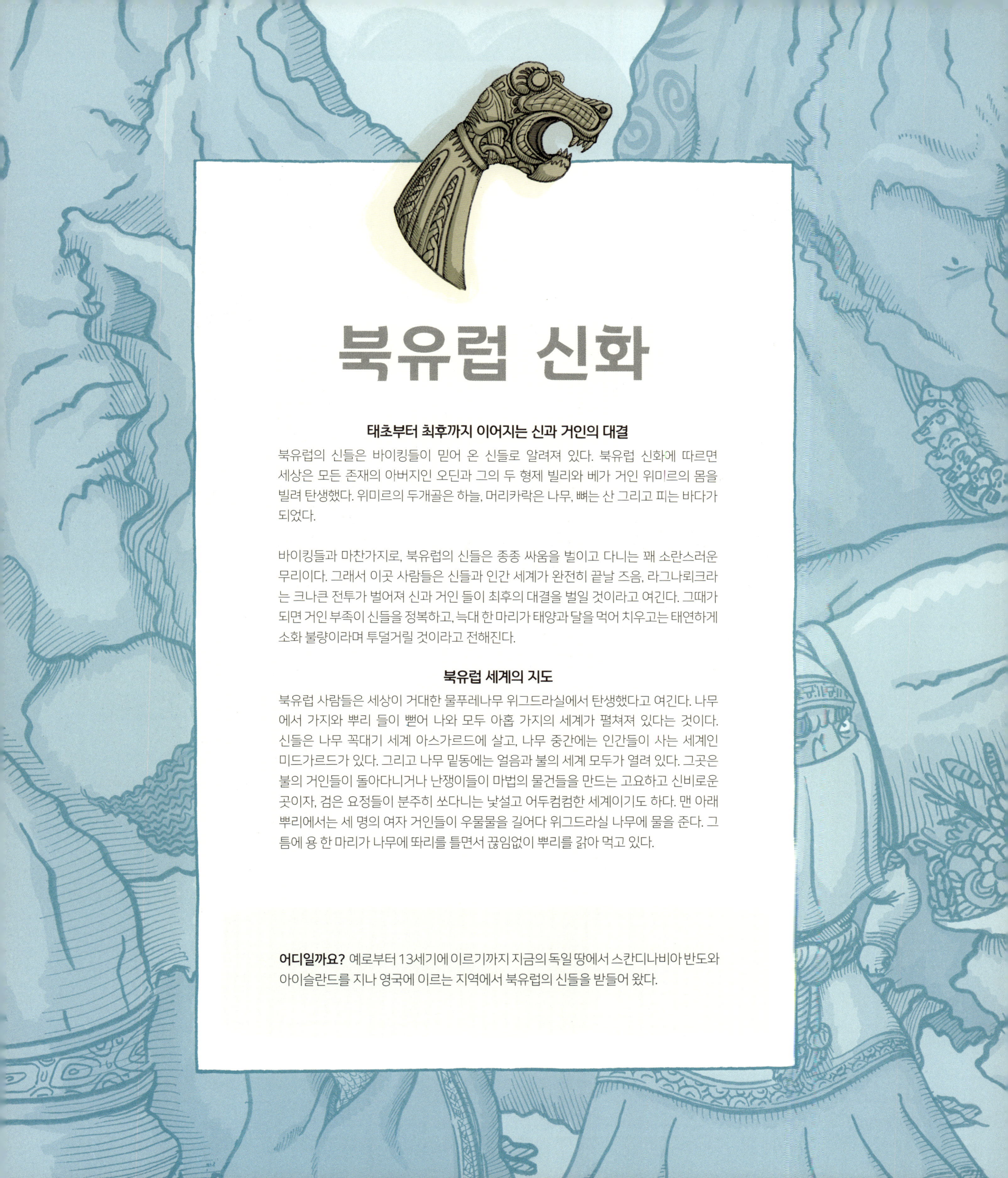

북유럽 신화

태초부터 최후까지 이어지는 신과 거인의 대결

북유럽의 신들은 바이킹들이 믿어 온 신들로 알려져 있다. 북유럽 신화에 따르면 세상은 모든 존재의 아버지인 오딘과 그의 두 형제 빌리와 베가 거인 위미르의 몸을 빌려 탄생했다. 위미르의 두개골은 하늘, 머리카락은 나무, 뼈는 산 그리고 피는 바다가 되었다.

바이킹들과 마찬가지로, 북유럽의 신들은 종종 싸움을 벌이고 다니는 꽤 소란스러운 무리이다. 그래서 이곳 사람들은 신들과 인간 세계가 완전히 끝날 즈음, 라그나뢰크라는 크나큰 전투가 벌어져 신과 거인 들이 최후의 대결을 벌일 것이라고 여긴다. 그때가 되면 거인 부족이 신들을 정복하고, 늑대 한 마리가 태양과 달을 먹어 치우고는 태연하게 소화 불량이라며 투덜거릴 것이라고 전해진다.

북유럽 세계의 지도

북유럽 사람들은 세상이 거대한 물푸레나무 위그드라실에서 탄생했다고 여긴다. 나무에서 가지와 뿌리 들이 뻗어 나와 모두 아홉 가지의 세계가 펼쳐져 있다는 것이다. 신들은 나무 꼭대기 세계 아스가르드에 살고, 나무 중간에는 인간들이 사는 세계인 미드가르드가 있다. 그리고 나무 밑동에는 얼음과 불의 세계 모두가 열려 있다. 그곳은 불의 거인들이 돌아다니거나 난쟁이들이 마법의 물건들을 만드는 고요하고 신비로운 곳이자, 검은 요정들이 분주히 쏘다니는 낯설고 어두컴컴한 세계이기도 하다. 맨 아래 뿌리에서는 세 명의 여자 거인들이 우물물을 길어다 위그드라실 나무에 물을 준다. 그 틈에 용 한 마리가 나무에 똬리를 틀면서 끊임없이 뿌리를 갉아 먹고 있다.

어디일까요? 예로부터 13세기에 이르기까지 지금의 독일 땅에서 스칸디나비아 반도와 아이슬란드를 지나 영국에 이르는 지역에서 북유럽의 신들을 받들어 왔다.

토르의 가짜 결혼
묠니르를 찾기 위해 수염 난 신부가 되다

1. 오딘
4. 토르
5. 발드르
7. 호드르
14. 거인들
15. 헬
20. 펜리르
22. 요르문간드르
27. 프레이야
28. 로키

토르가 가장 아끼는 물건은 세상의 모든 힘을 가진 묠니르라는 쇠망치였다. 토르는 묠니르를 도둑맞자 그 쇠망치를 되찾기 위해서라면 무슨 짓이든 할 작정이었다.

묠니르를 훔친 이는 서리 거인(얼음의 거인들)의 왕인 트리미르였다. 그는 매우 거대하고 얼음처럼 차가웠으며 아주 역겨운 냄새를 풍겼다. 그리고 여신 프레이야에게 반해 넋이 나가 있었다. 토르의 쇠망치를 땅속 깊은 곳에 숨겨 놓고, 프레이야가 자신의 청혼에 승낙하면 돌려줄 작정이었다.

물론 프레이야는 혐오스러운 서리 거인과 결혼할 마음이 전혀 없었다. 이에 꾀돌이 로키가 머리를 굴려 작전을 짰다. 토르가 프레이야처럼 꾸미고 서리 거인과 결혼하면 어떻겠냐는 것이었다. 이 계획은 아주 엉터리이거나 아니면 아주 기발하거나, 둘 중 하나였다. 토르는 로키의 작전이 그리 마음에 들지 않았지만 어떻게든 묠니르를 되찾고 싶었기 때문에 로키의 계획을 따르기로 했다.

로키는 토르의 수염을 비롯하여 몸 전체를 고운 비단으로 덮어 신부의 모습으로 변장시켰다. 솔직히 신부처럼 보인다기보다는 몸집이 아주 크고 힘이 좋아 보이며 화가 난 듯한 인상을 주는 여성쯤으로 보였다.

다행히도, 트리미르는 그리 꼼꼼하지 않았다. 우락부락한 신부가 구운 고기를 우적우적 먹어 치우고 맥주를 벌컥벌컥 마셔 대는 별난 모습을 보면서도 신경 쓰지 않았다. 저녁 식사 내내 신부가 자신에게 분노의 눈빛을 쏘아 댔는데도 개의치 않았다. 그저 프레이야가 청혼을 받아들였다는 사실에 흥분해 있었고, 한시라도 빨리 결혼식을 치러야 한다는 생각에만 정신이 쏠려 있었다.

마침내 트리미르의 결혼식이 시작되고, 드디어 신랑과 신부가 묠니르를 잡고 혼인 서약할 시간이 되었다. 바로 토르가 기다리고 기다리던 순간이기도 했다. 토르는 자신의 손에 묠니르가 들어오자마자 신부 변장을 벗어 던졌다. 그러고는 결혼식장에 있는 모든 거인들을 쇠망치로 때려눕혔다.

토르와 로키는 쏜살같이 아스가르드로 돌아왔다. 그곳의 신들은 천둥의 신 토르에게 무슨 일이 있었는지 묻지 않는 게 낫겠다고 생각했다.

골칫덩이 로키
아무도 못 말리는 못된 신의 최후

로키가 제시하는 해결책은 진심으로 문제를 풀려는 마음이 있는 건지 고개를 갸우뚱거리게 할 때가 많다. 이러한 미심쩍은 계략들은 토르에게 악취 나는 거인과 가짜 결혼을 하라고 부추겼던 것 말고도 숱하게 많았다. 로키는 위기 상황에서 쏙 빠져나가기도 잘하지만 스스로를 곤경에 빠뜨리기도 했다.

로키는 종종 동물로 모습을 바꾸곤 했다. 한번은 아스가르드 주변으로 거대한 벽을 쌓던 거인에게 장난치려고 암말로 변신했다. 그 모습으로 거인의 말에게 접근하여 결국 다리가 여덟 개 달린 말 슬레이프니르를 낳았다.

로키의 자식들 가운데 요르문간드르와 펜리르 그리고 헬도 문제가 아주 많았다. 특히 펜리르는 세계의 종말을 불러오기도 했다.

또한 로키는 눈이 먼 호드르가 형제인 발드르를 죽이게끔 만든 책임이 있었다. 발드르는 세상 어떤 것에 위협을 당해도 해를 입을 수 없었다. 단, 덩굴 식물인 겨우살이만 빼고 말이다. 하필이면 로키가 겨우살이로 화살을 만들어 호드르에게 겨우살이 화살을 재미 삼아 공중에다 쏘아 보라고 부추겼다. 앞이 보이지 않는 호드르는 가엾게도 발드르가 있는 쪽으로 화살을 쏘고 말았다.

오딘을 비롯한 여러 신들은 끊임없이 문제를 일으키는 로키에게 신물이 났다. 결국 로키를 바위에 묶고, 독을 머금고 있는 거대한 뱀을 로키의 머리 위에 두었다. 그러자 뱀의 송곳니에서 독이 흘러 두 눈으로 뚝뚝 떨어질 때마다 로키는 고통스러워했다.

라그나뢰크

북유럽 신화에 따르면, 우리가 사는 세상은 크나큰 전투가 벌어지면서 끝날 것이다. 그전부터 세상사가 어긋나기 시작하면서 불길한 징조들이 많이 나타난다고 보았다. 미드가르드에서 전쟁이 나면 3년의 길고 혹독한 겨울이 이어지고 늑대가 태양을 삼킬 것이다. 로키와 펜리르는 묶여 있다가 풀려나 자유의 몸이 되어 신들과 맞서는 전투에 거인들을 끌어들일 것이다. 마침내 세상 모든 것이 멸망하고 나면 전쟁이 남긴 잿더미에서 다시 새로운 세상이 시작될 것이다.

북유럽
상상 속 동식물과 문화유산

1 오딘
4 토르
8 프레위르
19 난쟁이들
20 펜리르
22 요르문간드르
27 프레이야
28 로키

슬레이프니르

오딘의 말이자, 늑대 펜리르와 뱀 요르문간드르처럼 로키의 독특한 자식들 가운데 하나이다. 모두 여덟 개의 다리를 갖고 있어 몸놀림이 매우 빠르고 강하다. 하지만 말굽에 편자를 댈 때는 꽤나 괴로울 것이다. 오딘은 슬레이프니르를 타고 아스가르드에서 요툰헤임 그리고 니플헤임에 이르기까지 어디든지 빠르게 도착한다.

토르의 전차를 끄는 산양

산양 두 마리가 토르의 전차를 끌었다. 왜 산양들이 전차를 끌게 했을까? 토르는 해가 지면 산양들을 잡아서 저녁 식사로 구워 먹는다. 그런데 놀랍게도 다음 날 아침이면 이 산양들이 전날 모습 그대로 다시금 살아난다. 그러니 말을 데리고 다니는 것보다 산양 두 마리가 훨씬 쓸모가 많았던 것이다.

묠니르

두 명의 난쟁이들이 만든 토르의 마법 쇠망치이다. 파리로 변신한 로키가 묠니르를 만드느라 정신없는 난쟁이들을 간지럽혔다. 그 바람에 묠니르가 바닥에 떨어져서 원래 계획보다 손잡이가 훨씬 짧아졌다. 그럼어도 묠니르의 힘은 어마어마하다. 토르가 묠니르를 던지면 부메랑처럼 늘 토르의 손으로 다시 돌아온다.

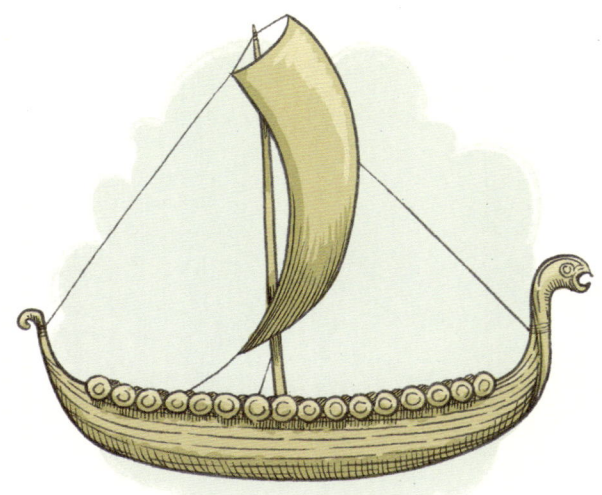

스키드블라드니르

프레위르가 언제나 가지고 다니는 마법의 배이다. 난쟁이들이 신들에게 선물로 바치려고 만들었다. 이 배를 타면 항상 순풍으로 항해했고, 어디든 원하는 곳으로 데려다준다. 또한 손수건처럼 프레위르의 주머니에 쏙 들어가게 접을 수도 있다.

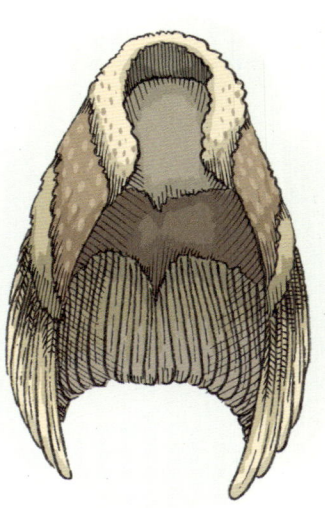

독수리 날개옷

프레이야의 날개옷을 걸치면 누구든 독수리로 변신할 수 있다. 로키가 세상 이곳저곳을 날아다니며 토르의 쇠망치를 찾아다닐 때 이 망토를 빌려 입었다.

이집트 신화

나일강을 중심으로 탄생한 삶과 죽음에 관한 이야기

고대 이집트 사람들은 수천에 이르는 다양한 신들을 믿었는데, 이들의 모습은 조금 기이했다. 신들 가운데 몇몇은 동물의 몸이나 머리를 달고 있었다. 어떤 신들은 영혼이 없는 무생물이었고, 심지어는 신체 일부분이기도 했다. 이러한 신들은 겉모습과 달리 상당히 평범하게 살았다. 대개의 인간들이 그러하듯이 결혼하고 가족을 이루어 아이를 낳고 가족끼리 서로 다투기도 했다. 전 세계에 걸쳐 흩어져 있었고, 몇몇 신들은 인간들이 사원에 모셨기 때문에 그곳을 터전으로 삼기도 했다.

이집트의 통치자인 파라오만이 유일하게 신들과 직접 이야기할 수 있었다. 이집트에서 파라오는 신성한 존재였기에 파라오가 죽고 나면 그 영혼은 신들이 머무는 사후 세계를 향해 머나먼 모험을 떠난다고 전해진다.

이집트 세계의 지도

많이 알려진 이집트 창조 신화 가운데 하나는, 태초에 물을 제외하고 세상에는 아무것도 존재하지 않았다는 이야기이다. 아주 먼 옛날, 바다에서 언덕이 솟아오르면서 창조신 아툼이 나타났다. 아툼에게서 대기의 신인 슈와 수증기의 여신인 테프누트가 나왔다. 둘은 부부가 되어 게브와 누트를 비롯해 여러 아이들을 낳았다. 어떤 신화에서는 아툼에게서 슈와 테프누트뿐만 아니라 게브와 누트까지 나왔다고도 전한다.

게브와 누트 사이에서도 아이들인 별들이 탄생했다. 어느 날, 누트가 자식들 가운데 몇몇을 먹어 버리는 바람에 게브는 잔뜩 화가 났다. 부부 싸움이 시작되면서 세상 전체가 흔들리자 아버지 슈가 더는 가만있지 않았다. 슈는 서로 부둥키고 다투는 게브와 누트 사이에 끼어들어 두 손으로 누트를 들어 올리고 두 발로는 게브를 꼼짝 못하게 밟았다. 그리하여 대지의 신인 게브는 땅을 다스리고 하늘의 여신인 누트는 위에서 세상을 내려다보게 되었다. 이것이 오늘날까지 전해지는 이집트 세계의 모습이다. 또한 세상의 맨 아래에는 두아트라고 불리는 지하 저승 세계가 있고, 죽은 자의 왕인 오시리스가 이곳을 다스린다고 여겼다.

어디일까요? 고대 이집트 사람들은 아프리카 북동쪽 나일강 주변에서 살았다. 오늘날의 이집트 지역과 거의 일치한다. 이집트 문명은 기원전 4000년경부터 시작되어 로마 제국에 정복되는 기원전 30년까지 이어졌다.

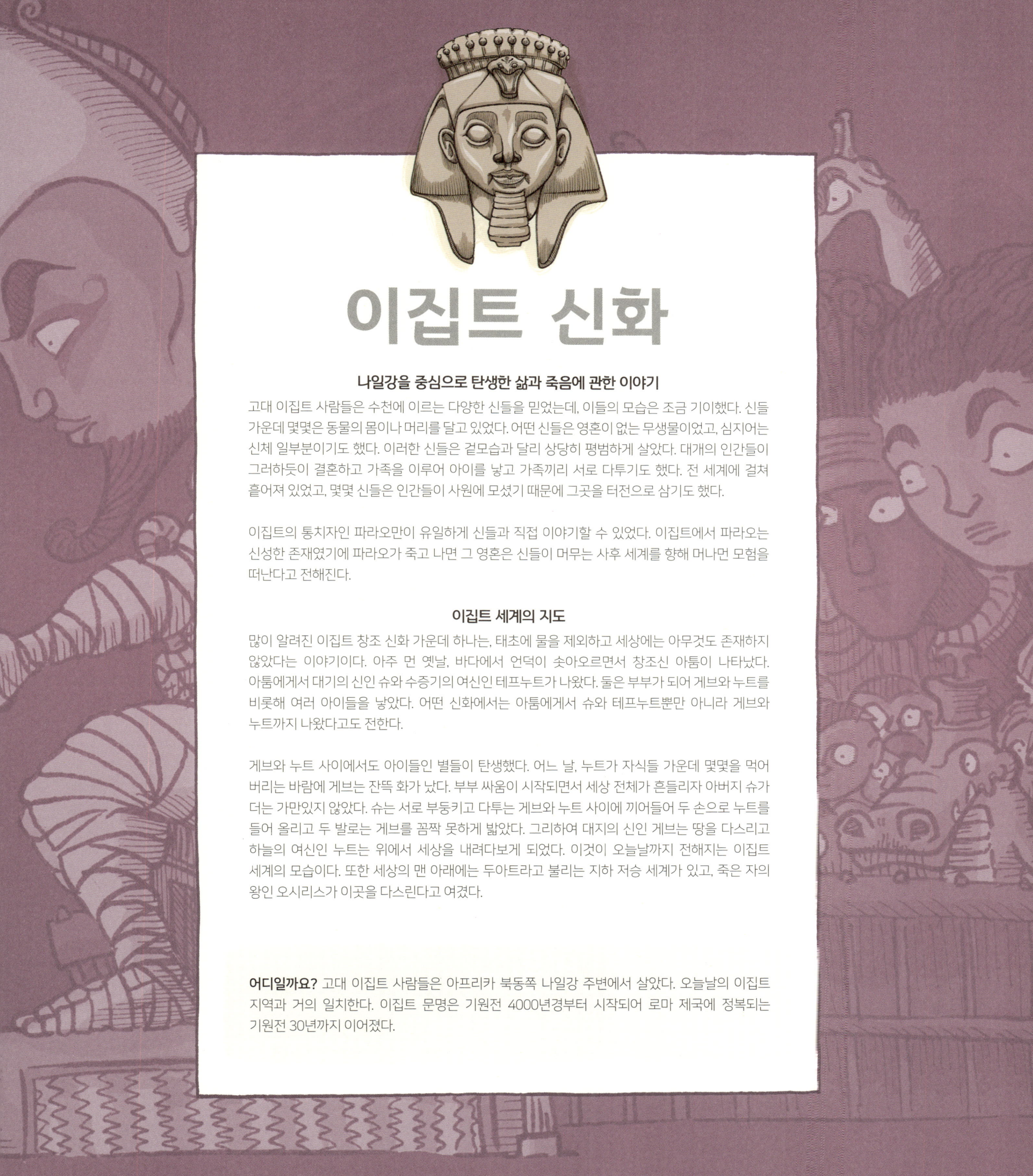

이집트 세계

나일강의 홍수와 비옥한 땅 그리고 미라와 심판하는 자칼까지
고대 이집트 신화 세계에 대한 지도

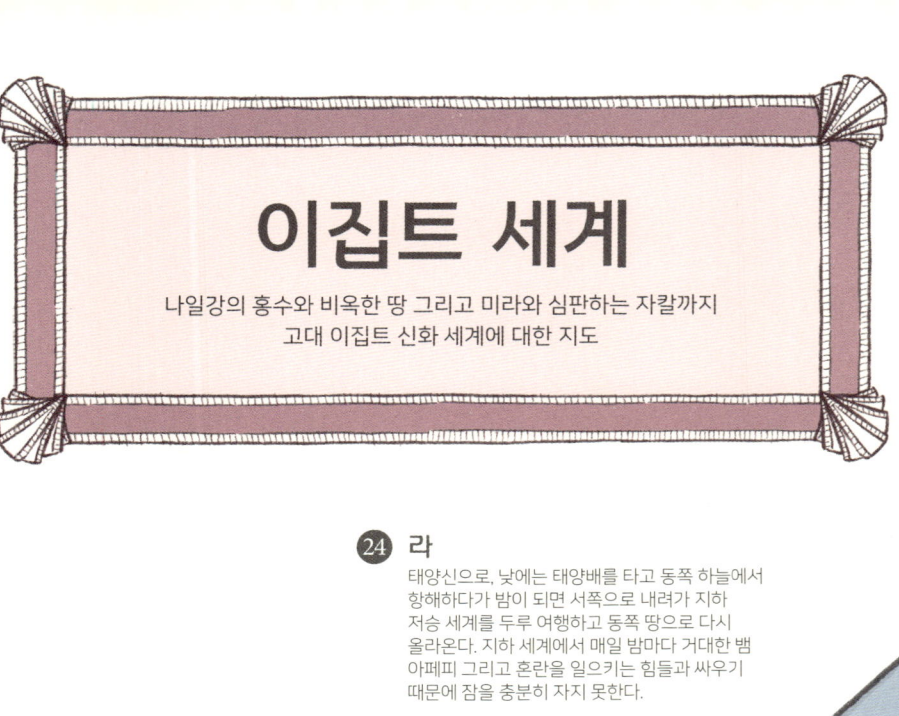

24 라
태양신으로, 낮에는 태양배를 타고 동쪽 하늘에서 항해하다가 밤이 되면 서쪽으로 내려가 지하 저승 세계를 두루 여행하고 동쪽 땅으로 다시 올라온다. 지하 세계에서 매일 밤마다 거대한 뱀 아페피 그리고 혼란을 일으키는 힘들과 싸우기 때문에 잠을 충분히 자지 못한다.

23 이시스
자연과 모성애 등을 상징하는 이집트 최고의 여신이다. 남편 오시리스가 세트에게 살해당하자, 미라로 만들어서 남편을 살려 냈다. 이시스의 눈물에서 나일강이 탄생했기 때문에 매년 이시스의 눈물로 나일강이 범람한다.

22 네프티스
세트의 아내이자 누이이다. 언니 이시스와 함께 오시리스의 시신을 수습했고, 덕분에 이시스가 오시리스에게 생명을 불어넣을 수 있었다. 오시리스와의 사이에서 아들 아누비스를 낳았다.

21 아툼
최초의 신으로 스스로를 창조했다. 아툼에서 아들인 슈와 딸인 테프누트가 탄생했고, 둘이 부부가 되어 이집트의 많은 신들이 태어났다.

20 테프누트
수증기의 여신이 다. 자신의 오빠인 슈와 결혼해 게브와 누트를 비롯하여 많은 아이들을 낳았다.

19 세크메트
사자 머리를 달고 있는 전사 여신으로, 전쟁에서 파라오를 보호하는 역할을 한다. 태양신 라가 세크메트에게 자신에게 맞서는 못된 인간을 벌하라고 명령했는데, 세크메트의 화가 지나쳐 세상을 엉망으로 만들어 버리고 말았다. 결국 라는 세크메트를 마법 음료에 취하게 하여 진정시켰다.

17 하피
나일강의 홍수를 상징한다. 해마다 홍수로 나일강이 흘러넘칠 때마다 기름진 땅으로 가꾸는 일을 맡고 있다.

18 세트
악당이자 악의 신이다. 영리한 머리로 꽤나 못되게 굴기도 한다. 자신의 형제 오시리스를 죽이기도 했지만, 태양신 라가 거대한 뱀 아페피와 싸움을 벌일 때 매번 큰 도움을 준다.

15 오시리스
이집트 최초의 파라오로, 신과 사람 모두를 통치했다. 자신의 형제인 세트의 손에 죽었지만 부활하여 지하 저승 세계에서 죽은 자들의 왕으로 살게 되었다. 하지만 가족과의 만남은 예전처럼 자유롭지 못하게 되었다.

16 아누비스
자칼의 머리를 달고 있는 장례의 신이다. 아버지인 오시리스의 시신을 썩지 않게 보존하는 과정에서 미라 만드는 법을 전파했다. 죽은 자들이 지하 저승 세계로 들어올 때 문을 열어 주고, 그들의 심장을 저울에 달아 나쁜 영혼과 좋은 영혼들을 심판해 가려낸다.

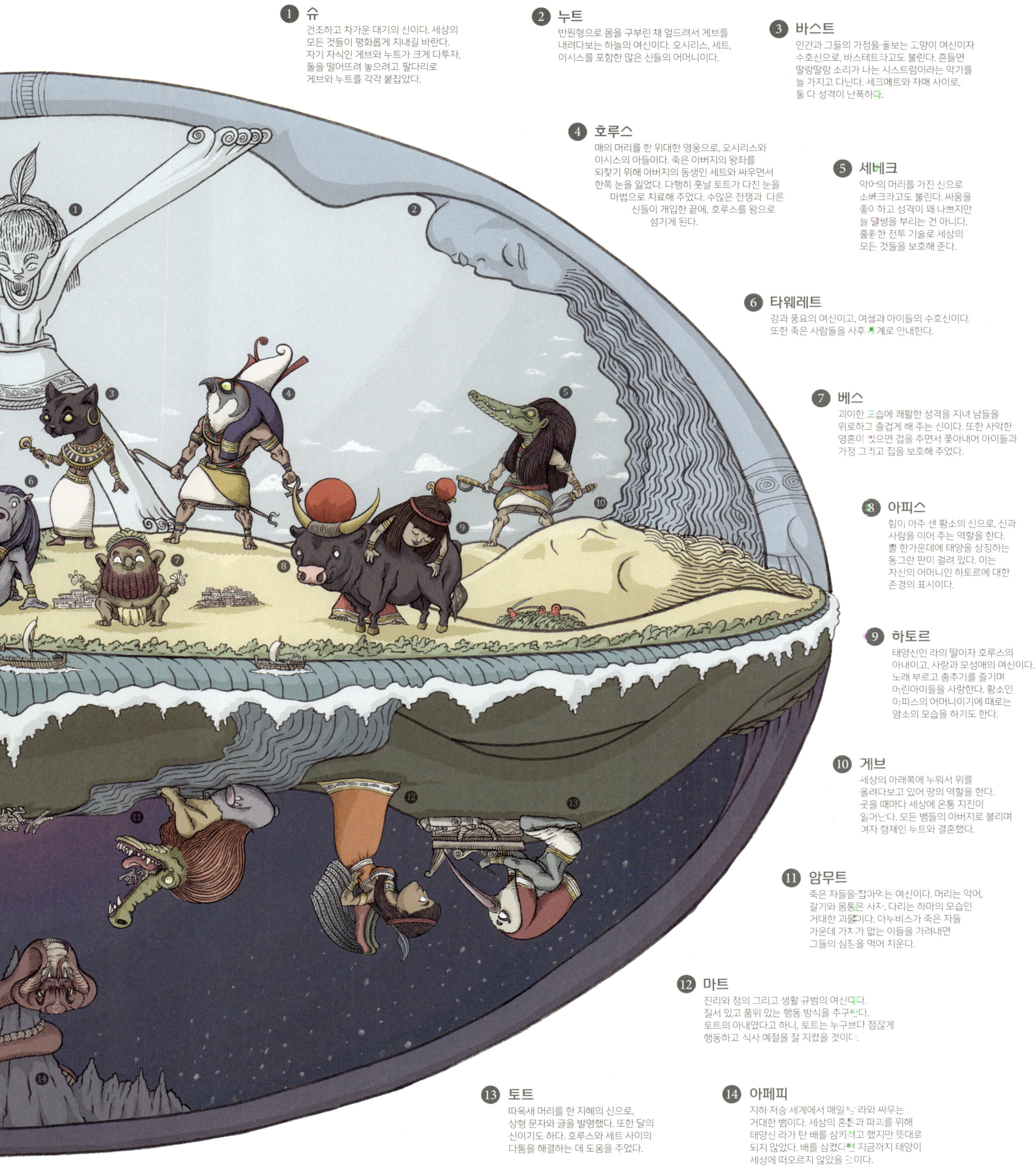

죽은 자들의 여행

이집트 사람들은 죽어서 어디로 갈까?

고대 이집트 사람들은 죽고 난 뒤 인간에게 어떤 일이 일어나는지 관심이 많았다. 죽 사람이 죽은 뒤에도 그의 인격이나 영혼은 사후 세계에서 계속 살아간다고 여겼다. 그럴듯한 생각이지만 그곳에 가기까지 번거롭고 성가신 과정들이 많이 거쳐야 했다. 이집트에서는 죽은 자들이 여행을 하다 길을 옳거나 잘못될까 걱정해서, 사후 세계에 안전하게 다다를 수 있도록 도와주는 안내서가 전해 내려온다. 《사자의 서》라는 책으로, 죽은 사람을 땅에 묻을 때 이 책 한 권을 같이 넣어 준다. 만약 파라오가 죽어서 사후 세계로 건너다면 그 여행이 얼마나 웅장할까.

1. 암무트
1. 토트
1. 오시리스
1. 아누비스
1. 라

미라 만들기

제어부 파라오라도 죽음은 순식간에 찾아온다. 이제 죽은 파라오의 몸이 썩지 않도록 방부 처리를 해야 한다. 몸에서 심장을 제외한 모든 장기들을 꺼내 항아리에 보관한다. 그리고 시신을 향료로 씻어 좋은 냄새가 나게끔 한 뒤 70일 동안 말려 둔다. 그런 다음, 시신을 전부 기다란 린넨으로 둘둘 감아 미라로 만든다. 이렇게 하면 땅에 묻을 준비가 끝난다.

무덤

파라오의 미라는 거대한 석관에 넣는다. 피라미드에 모셔지거나 커다란 바위들 틈에 마련한 공간에 모신다. 파라오는 사후 세계에서도 필요한 물건들 많고 있어야 하기 때문에 무덤 안에 아끼던 보석이나 장신구, 동상 그리고 심지어는 하인들도 함께 묻혔다. 안타깝게도 동물과 하인은 종종 살아 있는 상태로 파라오와 마지막까지 같이해야 했다.

사후 세계로의 긴 여정

미라가 되어 혼을 남은 파라오는 태양이 저무는 길을 따라 얕히 설긴 미로를 걸어 나가 서쪽으로 살아가야 한다. 미로에는 뱀으로 된 문들이 있고, 각각의 문 앞에는 수호자가 서 있다. 미라는 수호자 앞에서 《사자의 서》에 나오는 한 구절들 모두 암송해야 한 구절을 통과할 수 있다.

매장

시신을 무덤으로 옮기고 나면 돌로 만든 관에 잘 모신 뒤, 사제들이 성대한 의식을 시작한다. 군 죽은 사람과 비슷하거나 그 밖에 다양한 모양으로 만들어진다. 무덤이 닫히고 모두가 자리를 떠나면, 이제 죽은 사람의 여정이 시작된다.

심판

죽은 파라오가 미로를 벗어나면, 재판정에 도착한다. 이곳에서 사후 세계로 입장할 수 있게 신의 허락을 받아야 한다. 오시리스와 42 신들이 죽은 자를 심판하기 시작한다. 우선 42 신들이 파라오가 살면서 저지른 나쁜 일들에 대해 저마다 한 분야씩 맡아서 판결을 내린다. 총 42가지 판결에는 살인과 같은 가장 큰 죄악에서부터 말로 지은 죄와 다른 사람에게 상처 준 죄 등 인간이 저지르는 대부분의 악행들이 포함되어 있다.

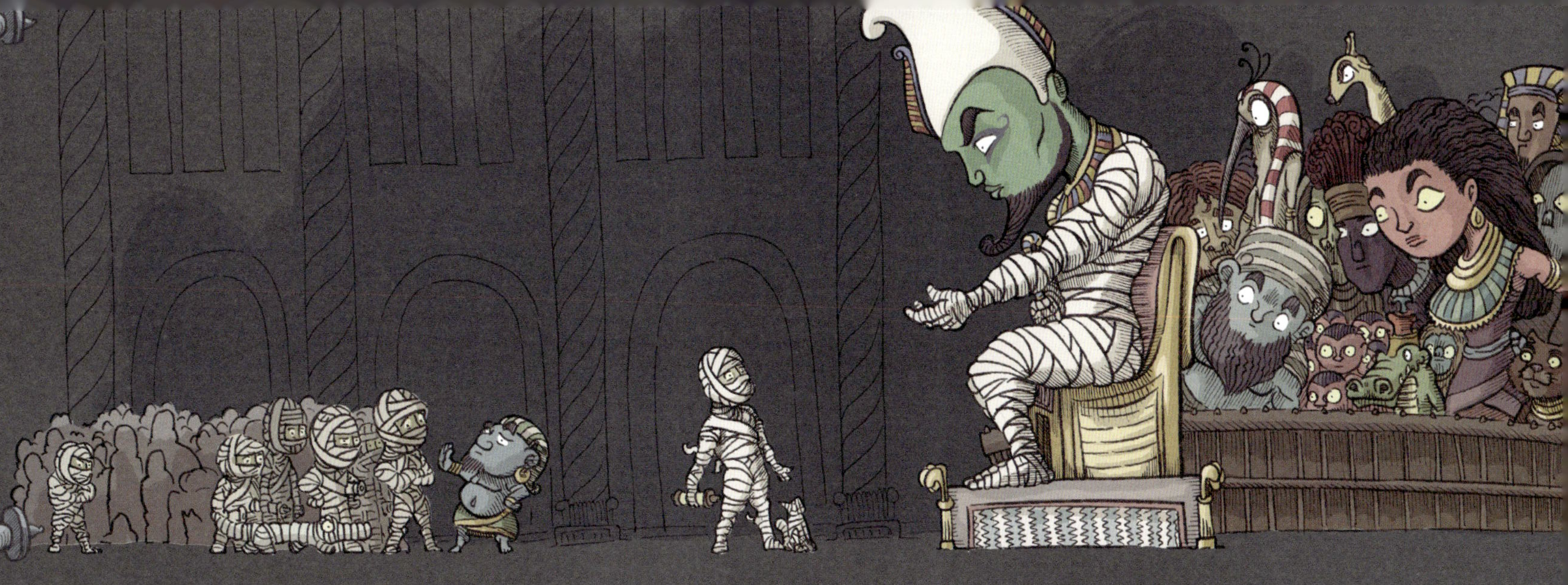

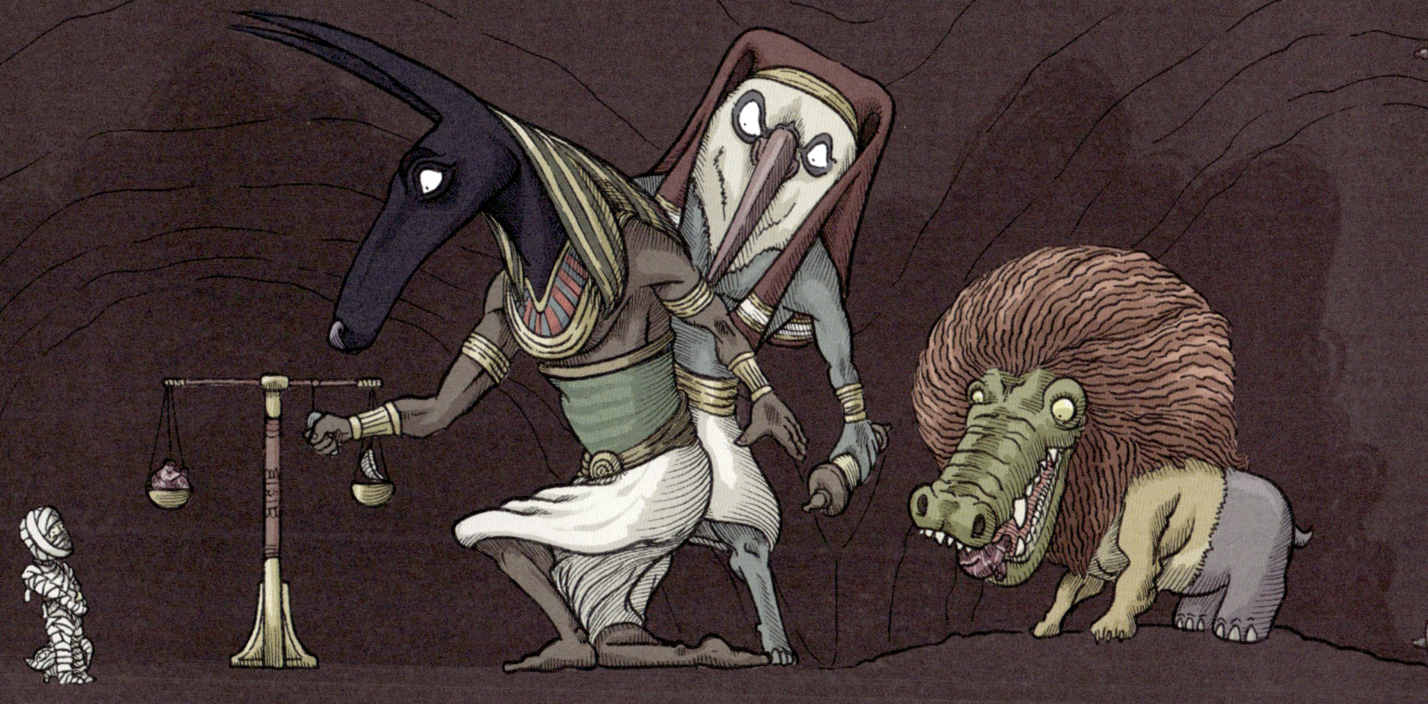

심장의 무게 달기

판결이 마무리될 즈음, 아누비스가 죽은 자의 심장과 깃털을 천칭 저울에 올려놓는다. 만약 파라오의 심장이 깃털보다 무겁다면, 심장은 흉측한 괴물 암무트의 먹이가 될 것이다. 암무트는 죽은 자들의 포식자이기 때문이다. 하지만 심장이 더 가볍다면, 토트는 파라오가 갈대 들판으로 자유롭게 들어갈 수 있다고 선언할 것이다.

갈대 들판

갈대 들판이라 불리는 죽은 자들의 세계이다. 이곳은 정확히 말해 천국이나 낙원이 아니라, 살아 있는 인간들의 세계와 무척이나 닮아 있다. 죽은 자들은 갈대 들판에서 할 일이 무척 많음에도 불구하고 행복한 시간을 보낼 수 있다. 밤에 잠을 자고 싶을 때는 자신의 무덤으로 돌아가면 되고, 태양신 라가 태양배를 모는 일을 돕거나 사악한 힘들에 맞서 싸움에 참가할 수도 있다.

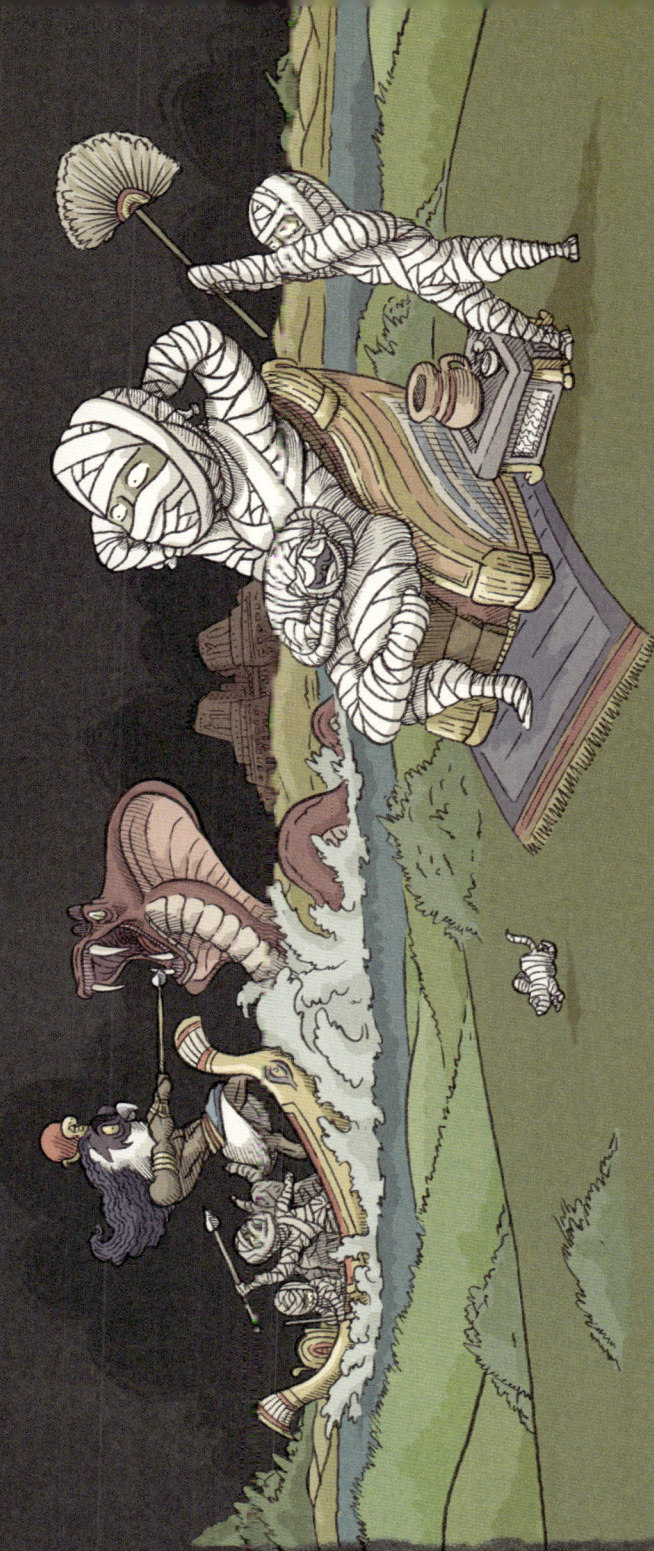

이집트
상상 속 동식물과 문화유산

 14 아페피
 21 아툼
24 라

스핑크스

사자의 몸과 동물의 머리로 이루어진 상상 속 괴물로, 커다란 돌에 스핑크스 조각이 새겨져 있다. 스핑크스는 신성한 장소들을 지켜 주는 역할을 했다. 오늘날, 이집트 기자라는 지역의 스핑크스가 가장 크고 오래된 것으로 알려져 있다. 여러 가지 다양한 종류의 스핑크스가 있는데, 사람의 머리를 하거나 매 또는 숫양의 머리를 한 것도 있다.

라의 태양배

태양신 라가 낮에는 하늘을 가로질러 다니고, 밤에는 지하 저승 세계를 떠돌 때 타는 배이다. 매일 밤마다 사악한 뱀인 아페피와 싸우는 시기도 바로 이 배를 타고부터이다.

피라미드

고대 이집트 왕들의 무덤으로 사용된 거대한 기념물들이다. 피라미드의 형태는 창조신 아툼이 세상에 날 때 바닷속에서 물 밖으로 솟아올랐던 창조의 언덕을 상징한다.

이름 찾아보기

그리스 신화

데메테르	8, 13
디오니소스	8, 13
메두사	9
뮤즈 여신들	9
미노타우로스	9
세이렌	8
셀레네	8
아레스	8, 13
아르테미스	8, 13
아테나	9, 13
아틀라스	7, 8, 10, 12
아폴론	9, 13, 14
아프로디테	8, 13
오르페우스	8
제우스	9, 10, 12, 13
카론	9
케르베로스	9, 10
케이론	9
키클롭스	9
타르타로스	7, 8, 12
트리톤	9
판	9
페르세포네	8
포세이돈	8, 13, 14
하데스	7, 9, 10, 13
헤라	9, 10, 13
헤라클레스	9, 10
헤르메스	8, 13
헤파이스토스	9, 13
헬리오스	9

북아메리카 원주민 신화

가시엔디에타 (세네카 부족)	41
곰 (오지브와 부족)	41
글루스카프 (알곤킨 부족)	41, 42
나누크 (이누이트 부족)	40
데호트고사이에(오논다가 부족)	41
독수리 (이누이트 부족)	40
말리나와 아닝간 (이누이트 부족)	41
미치아보 (알곤킨 부족)	41
부엉이 (아파치 부족)	40
뿔 달린 거대 뱀 (알곤킨 부족)	41
사스콰치 (북동 지역에 출현)	41
세드나 (이누이트 부족)	40, 44
아마구크 (이누이트 부족)	40
천둥새 (알곤킨 부족)	41
카나티와 셀루 (체로키 부족)	41
카치나 (호피 부족)	40
코요테 (나바호 부족)	40
코코펠리 (호피 부족)	40
코쿰트헤나 (쇼니 부족)	40
큰까마귀 (수 부족)	41
타와 (호피 부족)	40
타 탕카 (라코타 부족)	40
파랑어치 (치누크 부족)	40
하이오카 (수 부족)	41

북유럽 신화

거인들	75, 77, 78
굴린부르스티	76
난쟁이들	75, 77, 80
노르넨	77
니드호그	77
니외르드	76
라타토스크	76
로키	76, 78, 80
마니	76
무닌	76
발드르	76, 78
브라기	77
비프로스트	76
솔	76
수르트	77
앙그르보다	77
오딘	75, 76, 78, 80
요르문간드르	76, 78, 80
이둔	77
토르	76, 78, 80
티르	76
펜리르	77, 78, 80
프레위르	76, 80
프레이야	76, 78, 80
프리그	76
헤임달	76
헬	77, 78
호드르	76, 78
후긴	76

슬라브 신화

다즈보그	22
도돌라	23
라다	23
레시이	23
로드	21, 23
마트카 가비아	22
마트카 제믈리아	23
모라나	22
바바 야가	23, 24
베르스투크	22
벨레스	21, 22
벨로보그와 체르노보그	23
볼흐 브세슬라비치	23, 24, 26
스바로그	21, 22
스바로지치	22
스반토비트	22
스트리보그	23
시마르글	23
야릴로	22
조리아	23
트리그라브	22
페룬	21, 23

아일랜드 신화

거인의 둑길 (자이언츠코즈웨이)	67, 69
글라스 기브넨	68
누아다 (투아하 데 다난)	69, 74
다그다 (투아하 데 다난)	69, 74
돈 (밀레시안)	68
디안 케트 (투아하 데 다난)	69
루그 (포모레 / 투아하 데 다난)	69, 71, 72, 74
루흐다, 크레드네, 게브네 (투아하 데 다난)	68
리르 (투아하 데 다난)	68
리르의 자식들 (투아하 데 다난)	68
마난난 맥리르 (투아하 데 다난)	69
모리안 : 마하, 바이브, 아난 (투아하 데 다난)	69
발로르 (포모레)	68, 71
브레스 (포모레)	69
브리이드 (투아하 데 다난)	69
비로그 (투아하 데 다난)	68
앙구스 (투아하 데 다난)	69
에리우, 반바, 폴라 (투아하 데 다난)	69
에크네 (투아하 데 다난)	68
에흐누 (포모레)	68
엘라하 (포모레)	69, 71
오그마 (투아하 데 다난)	68
오신	68
케홀렌 (포모레)	68
쿠 훌린	68, 72
티르나노그	67, 68, 71, 74
파일리니스	69
핀 맥쿨	69, 73

아즈텍 신화

마야우엘	29

믹스코아틀	28	오사인	34	하치만	49
믹크틀란테쿠틀리와	29	오소시	34	후진	48
믹테테카시우아틀		오슈마레	34		
센테오틀	29	오슌	35	**폴리네시아 신화**	
센트손미미스코아	28	오야	35	랑기 (마오리 부족)	61, 63
센트손우이츠나우아크	28	올로두마레	33, 35, 36	로노 (하와이 부족)	61, 63
센트손토토츠틴	29	올로룬	35	롱고 (마오리 부족)	62
소치필리와 소치케찰	29	올로쿤	35	마우이 (폴리네시아 모든 지역)	62, 64
솔로틀	29	올로피	35	마후이카와 아우아히투로아	62, 64
시우테쿠틀리	29	이야미 마녀들	34	(마오리 부족)	
시페 토텍	29, 30	이자파	35	우에누쿠 (마오리 부족)	62
오메테오틀	28, 30			카날로아 (하와이 부족)	63
우이칠로포츠틀리	29, 30	**이집트 신화**		카네 (하와이 부족)	61, 63
찰치우틀리쿠에	29, 30	게브	81, 83	카마푸아아 (하와이 부족)	63, 65
케찰코아틀	29, 30, 32	네프티스	82	카모호알리이 (하와이 부족)	63, 65
코아틀리쿠에	29	누트	81, 83	쿠 (하와이 부족)	61, 63
쿠악솔로틀	29	라	82, 84, 86	타네 (마오리 부족)	61, 62
테스카틀리포카	29, 30	마트	83	타갈로아 (사모아 부족)	61, 63
테쿠시스테카틀	29, 30	바스트	83	타휘리 (마오리 부족)	61, 62
토나티우	28, 30	베스	83	투 (마오리 부족)	63
틀랄로크	29, 30	세크메트	82	파파 (마오리 부족)	61, 63
파테카틀	29	세트	82	펠레 (하와이 부족)	63, 65
		세베크	83	풍가 (마오리 부족)	63
야노마미 신화		슈	81, 83	하우메아 (하와이 부족)	63
달	16	아누비스	82, 84	휘로 (마오리 부족)	62
레드 보아	16	아툼	81, 82, 86	히네누이테포 (마오리 부족)	62
마코아웨	15, 16	아페피	83, 86	히네아후오네 (마오리 부족)	63
맥	16	아피스	83		
벌새	16	암무트	83, 84	**힌두 신화**	
브로오리베	16	오시리스	81, 82, 84	가네샤	55
사슴	16	이시스	82	가루다	55
샤피리페	17	타웨레트	83	강가	55
시피나	17	테프누트	81, 82	데비	55
아오바타리베	17	토트	83, 84	두르가	54, 59
악어	17, 19	하토르	83	라마	55, 56, 58
오마메와 요아시	15, 16	하피	82	라바나	54, 56
오셀롯	17, 20	호루스	83	락슈미	55
오이네티브	17			루드라	55
재규어	17	**일본 신화**		바루나	54, 60
태양	16	고노하나 사쿠야	48	바유	54
페타	17	니니기 미코토	48	브라흐마	53, 54, 59
포레	17	도요타마 공주	49	비슈누	53, 55, 56, 58, 59, 60
호로나미	17	라이진	48		
		류진	49	사라스바티	54
요루바 신화		미노가메	49	수리아	55
상고	35, 38	스사노오	48, 51	시바	53, 55, 59
쌍둥이 이베지	34	스이진	48	아그니	54
아간주	35	시치 후쿠진	49	야마	54
아게모	35	아마테라스	48	인드라	55
에슈	35, 37	아메노 우즈메	48	찬드라	54
예모자	34	오쿠니누시	48, 50, 51	카마	54
오군	34	우케모치	48	칼리	54
오두두와	33, 34, 36	이나리	49	크리슈나	54, 58, 60
오라니안	35	이자나기	47, 49	파르바티	55
오룬밀라	35	이자나미	47, 49	하누마트	55, 56, 57
오바	35	츠쿠요미 미코토	48	함사	54
오바탈라	33, 34, 36	카구츠치	48		
오발루 아이에	35	텐진	48